周一就开始想

周五去哪里喝一杯

图书在版编目（CIP）数据

周一就开始想周五去哪里喝一杯 /（英）查兹·赫顿著；何芳译．-- 成都：四川文艺出版社，2021.4
ISBN 978-7-5411-5594-9

Ⅰ．①周… Ⅱ．①查… ②何… Ⅲ．①生活方式－通俗读物 Ⅳ．① C913.3-49

中国版本图书馆 CIP 数据核字 (2021) 第 042638 号

著作权合同登记号 图进字 21-2019-504 号

ZHOUYI JIU KAISHI XIANG ZHOUWU QU NALI HE YIBEI

周一就开始想周五去哪里喝一杯

(英) 查兹·赫顿 著　何芳 译

责任编辑　赵海海　刘芳念
封面设计　叶　茂
版式设计　史小燕
责任校对　段　敏
责任印制　崔　娜

出版发行　四川文艺出版社（成都市槐树街 2 号）
网　　址　www.scwys.com
电　　话　028-86259287（发行部）　028-86259303（编辑部）
传　　真　028-86259306

邮购地址　成都市槐树街 2 号四川文艺出版社邮购部　610031
印　　刷　四川华龙印务有限公司
成品尺寸　185mm × 200mm　　开　本　24 开
印　　张　8　　字　数　80 千
版　　次　2021 年 4 月第一版　　印　次　2021 年 4 月第一次印刷
书　　号　ISBN 978-7-5411-5594-9
定　　价　78.00 元

周一就开始想
周五去哪里喝一杯

[英] 查兹·赫顿 著　何芳 译

四川文艺出版社

献给（至今还没有回关我的）**杰夫·哥布伦姆**

目录
CONTENTS

一 个介绍

我有话要说。

我先以道歉开始。首先，抱歉，我可能有些误导。这本书叫《人生便利贴指南》（原书名：A Sticky Note Guide to Life），但我真心希望你捡起这本书时并没有打算从书中获取任何人生指导。这里面基本没什么正经建议，反而有一大堆只能归之为愚蠢的、令人生疑的“建议”和胡说八道。不过，老实说，这可比正经建议有意思多了（反正正经建议你也不会听）。

如你所知，这本书源于一个 Ins 照片墙账号。它如同一只被禁锢的脆弱小兽，某一天忽然变得足够巨大和凶猛，可以放归书店和亚马逊网站这样的丛林。我真心希望你已发现它正在大口吞噬某个顽固政客自传的残骸，或者某个视频博主出的书所剩下的一点碎肉（如果你不太熟悉这个梗的话，我告诉你，我们 Ins 照片墙博主和油管博主是永远的敌人）。无论如何，我很高兴你已经抓住了这只狡猾的野兽，并且顽强地揪住它的脖子，把它用拖“油管”（YouTuber）这种方式带回家。不过也许你没有这样做。也许你只是在朋友或者伴侣把你丢在书店自己去完成什么事情的等待时间里，站着翻了翻这本书。如果是这样的话，我觉得你应该最大限度地利用不买但是可在店里阅读的时间，找个过道，把这本书放回去，然后找本愚蠢的政客自传好好乐一下吧。或者你会对视频呈现为书籍啧啧称奇。或者你去收银台放下我这本书，充分地暴露你是一个会欣赏用便利贴上的简单漫画来表达庸俗歪理的人。

在你一头扎进这本书之前我还应该告诉你什么？我想我应该让你对下面的内容做好心理准备，事实上这些只是一堆小纸片上的小画而已。

我要告诉你的是，最初我的意图不过是在慢慢抵达下午 5 点之前，尽可能地消磨一些时间——在我开始玩 Ins 照片墙之前，画这些东西就是我在朝九晚五的工作时间内摸鱼的小把戏。所以，我希望接下来的近 200 页能给你提供充足的消磨时间的材料。我希望你完不成今天安排好的一大堆重要的事情，我希望这甚至能鼓励你浪费更多的时间。

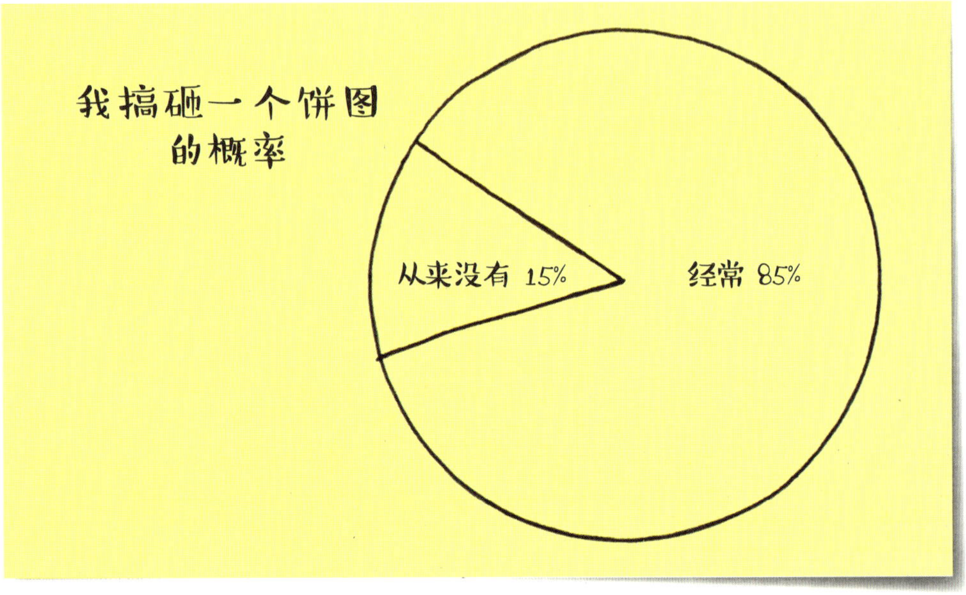

我们先从这个图开始。是的，这看起来像个可笑的张开大嘴的图画，但它其实是非常严肃的。你知道我画好一张真正的便笺画要用掉多少张便利贴吗？我不会告诉你数字的，但是我想说，如果我说了，

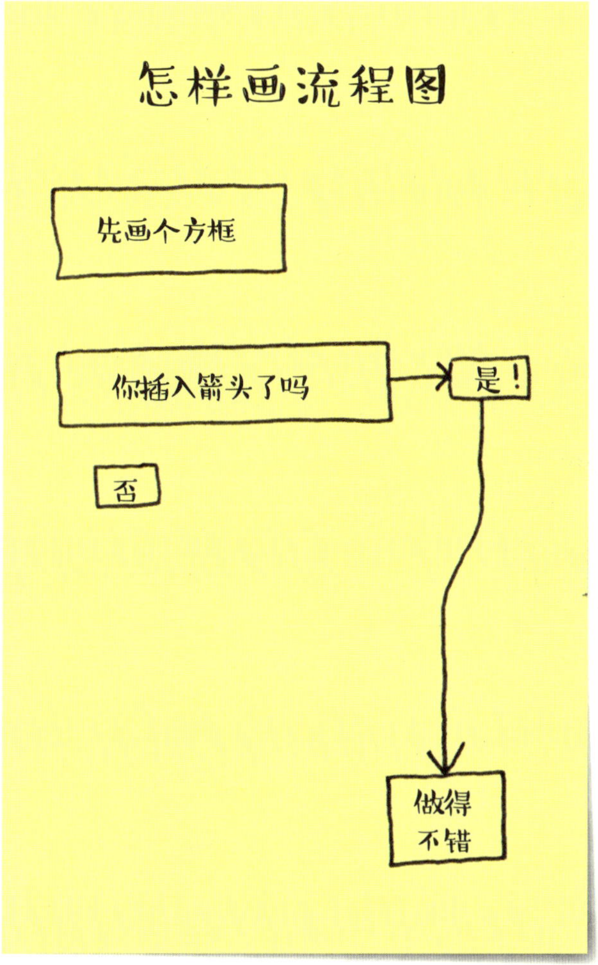

我会被每一个有自尊心的环保组织抵制，因为我个人应当为相当一部分被砍伐的亚马逊森林负责。

我想我应该把这个放进来，这样你就能理解画这些东西需要付出多少艰辛。是的，你的怀疑是正确的。你自己完全可以写这样一本书。

也就是说，告诉老板试一下，你决定辞掉建筑师这份成功的工作，将把在便利贴上作画作为全职工作；同时希望他们没有注意到你已经将办公室里供应的所有便利贴都装在身上了。

无论如何，让我们开始吧。

工作时间

熬过前两周值得花光所有钱来奖励并庆祝一下。不，我才不在乎这样就无法切断不断借债的恶性循环，因为我已经喝了三杯马丁尼，而且你也不是我亲爹。

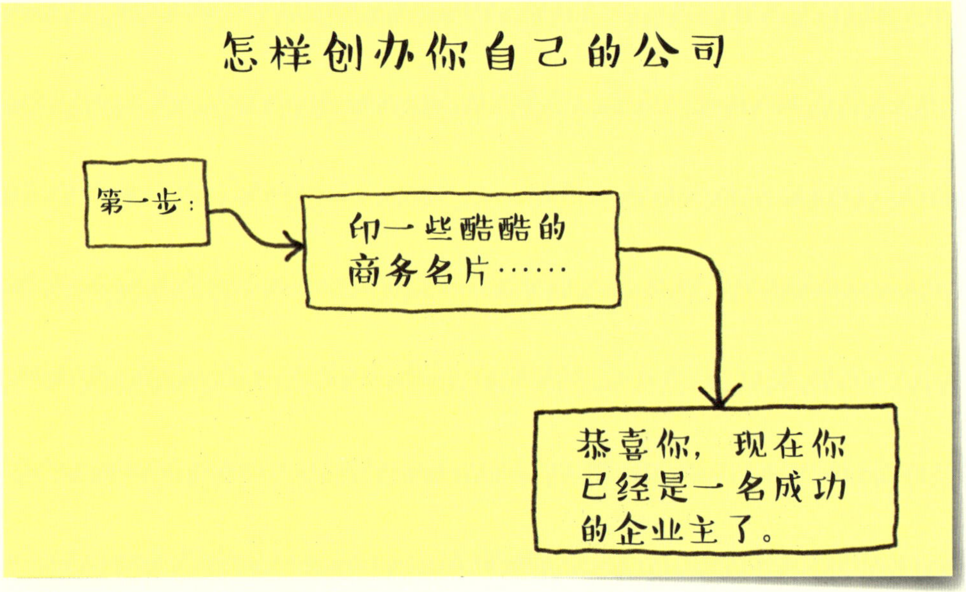
怎样创办你自己的公司
第一步：
印一些酷酷的
商务名片……
恭喜你，现在你
已经是一名成功
的企业主了。

把这些名片尽可能多地发给你的朋友和亲人。无论发生什么，绝不做任何其他与工作相关的事，因为，毕竟为时尚早（谁也不知道会发生什么）。

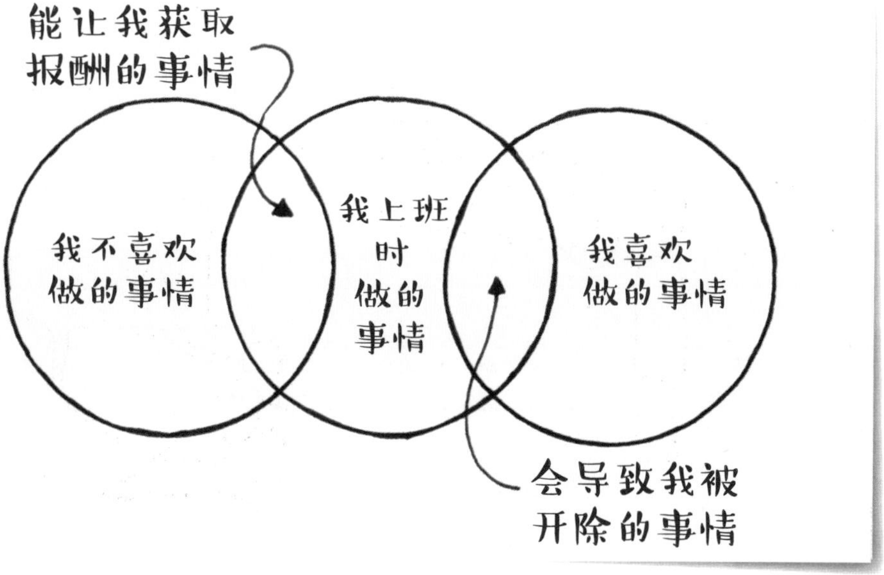

那些只会无脑重复伪哲学陈词滥调的人会告诉你，你应该找到自己所爱，然后把它变成自己的工作。不过，我还没找到人愿意付钱让我一丝不挂、喝得半醉地站在那儿，用微波炉加热不同水果，只是为了看过一段时间后会发生什么。

伙计们，周末
过得咋样？
呃……滚吧，
斯蒂夫！

在周一开始工作之前，请想一想下面这个问题：你确定你对同事们周末干了什么真的有兴趣吗？或者你发出这种轻佻的“周一问候”只是因为你跟他们根本没多少联系，只是在恰巧共同使用办公室茶水间的短暂时间里出于礼貌拼命想建立某种“人工友谊”？

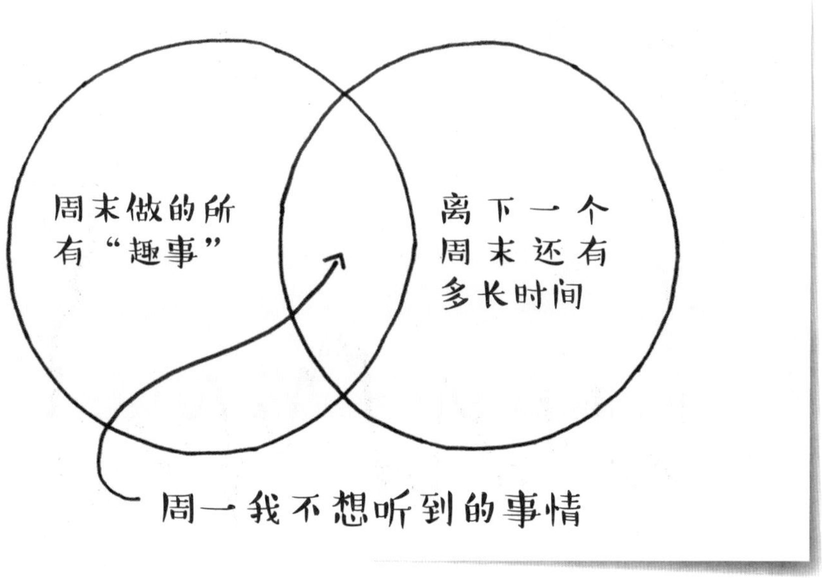

假日同理。我知道你度过了一段美好的时光，有很多很棒的经历，但是如何绘声绘色地讲述跟个人亲历差距可就大了。如果要讲的话，你大概需要周末去由知名故事大王主持的叙事工作坊培训一下。

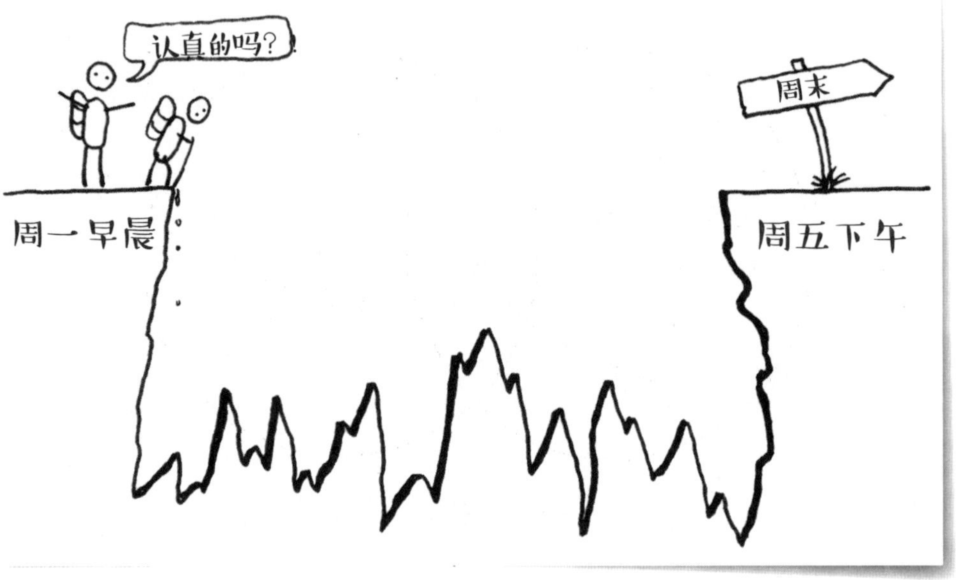

当你站在那儿，展望眼前像悬崖般危险的一周：每一条裂缝下面都是一个原本一封电子邮件就能解决的会议，每一块无法逾越的巨石后面都有一个关心你的周末的同事，而每一次艰难攀登的顶端则是一位不愿意给你加薪的老板。但是，一旦你无比痛苦地挣扎起来，拂去这些灰烬：IT 问题、工作日宿醉以及仿佛从臭鞋子里做出来的办公室咖啡，你就会抵达一个由两天美好时光构成的小窗，你可以站起来，欣赏一下风景，看看远处的下一道峡谷，理所当然地抱怨一下这个窗口还不够大。

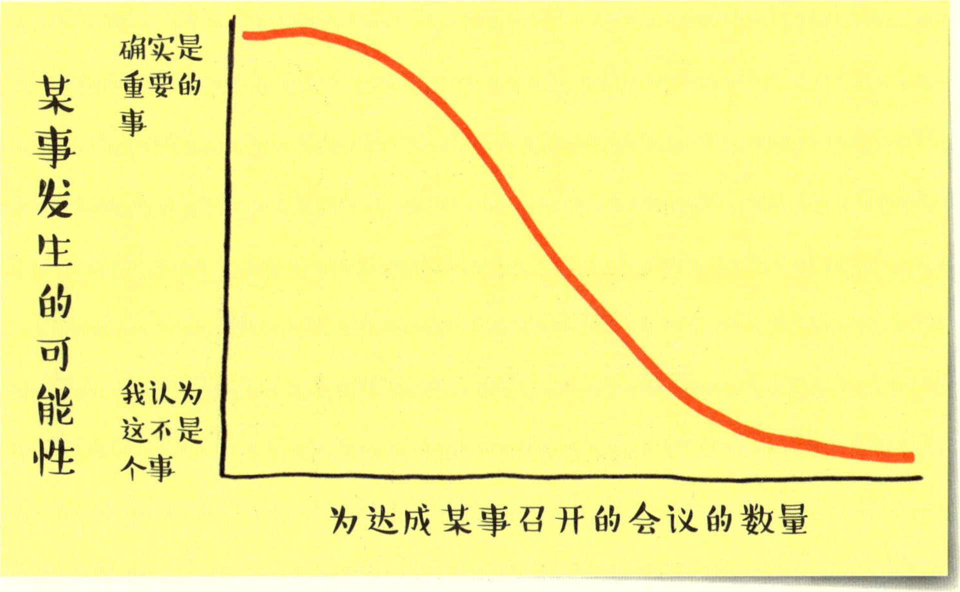

好的，我们来回顾一下。我们没有达成任何一致，或者解决任何亟待解决的问题，但是我们已经共同确认了下一次会议的时间。不过我敢说，各位都很享受过去半小时不必工作的时间，所以干得不错。

这个差不多就是我幽默地称之为我的『职业生涯』的头五六年所发生的状况（所谓的『职业生涯』根本没有长到可以称为『生涯』的程度，而且也很难说是特别『职业』）。借此机会，我想向当时所有试图解读我的表情的恼怒同事解释一下，大部分时候我一脸空白的意思就是『没什么意思』。

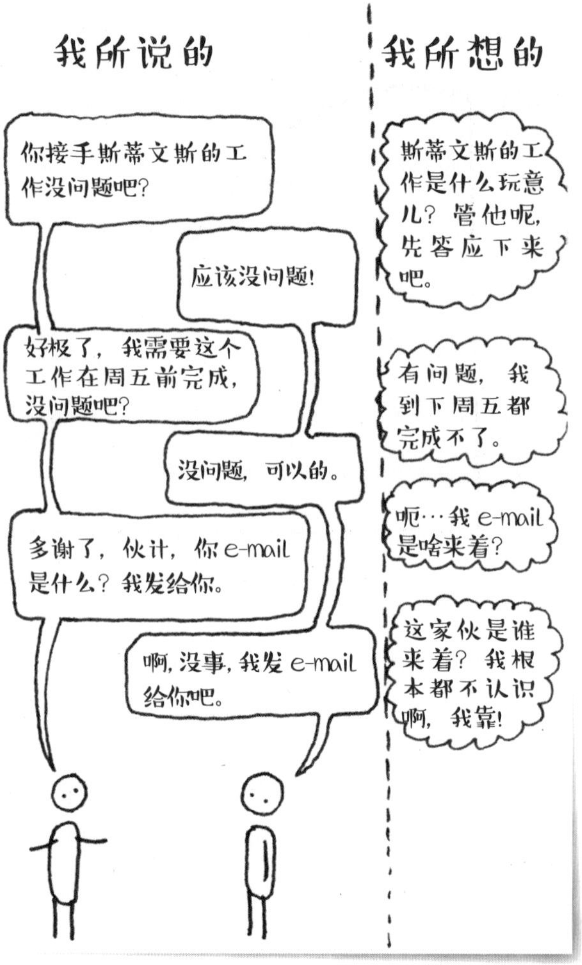
我所说的
我所想的
你接手斯蒂文斯的工作没问题吧?
斯蒂文斯的工作是什么玩意儿? 管他呢,先答应下来吧。
应该没问题!
好极了, 我需要这个工作在周五前完成,没问题吧?
有问题, 我到下周五都完成不了。
没问题, 可以的。
多谢了, 伙计, 你e-mail是什么? 我发给你。
呃…我e-mail是啥来着?
啊,没事,我发e-mail给你吧。
这家伙是谁来着? 我根本都不认识啊, 我靠!

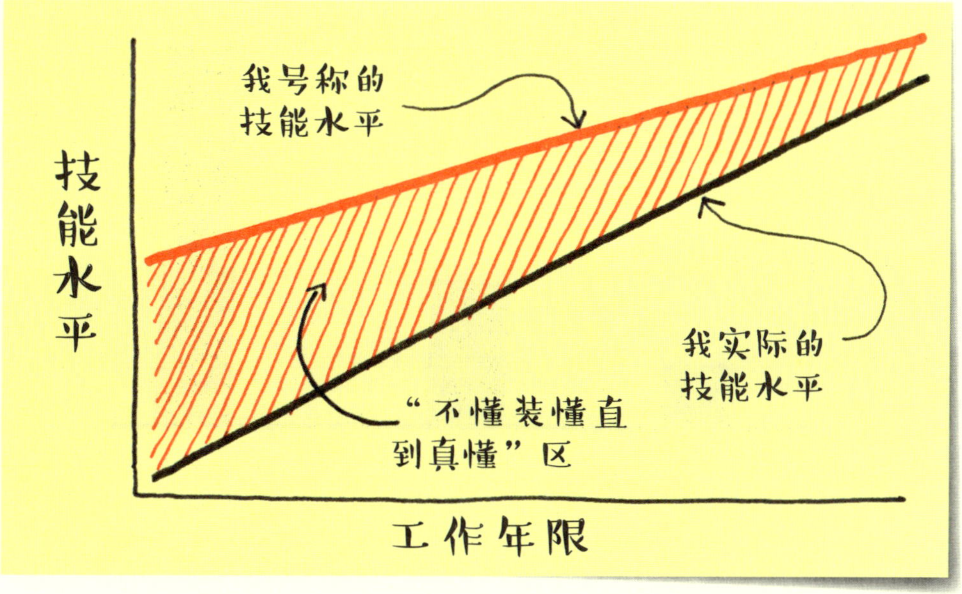

当你是个新手的时候，别人总会给出这样的建议：“不懂装懂，直到真懂。”但事实上这个建议的真实意思是：你要明白，无论已经干了多久，每个人都还在“不懂装懂直到真懂。”

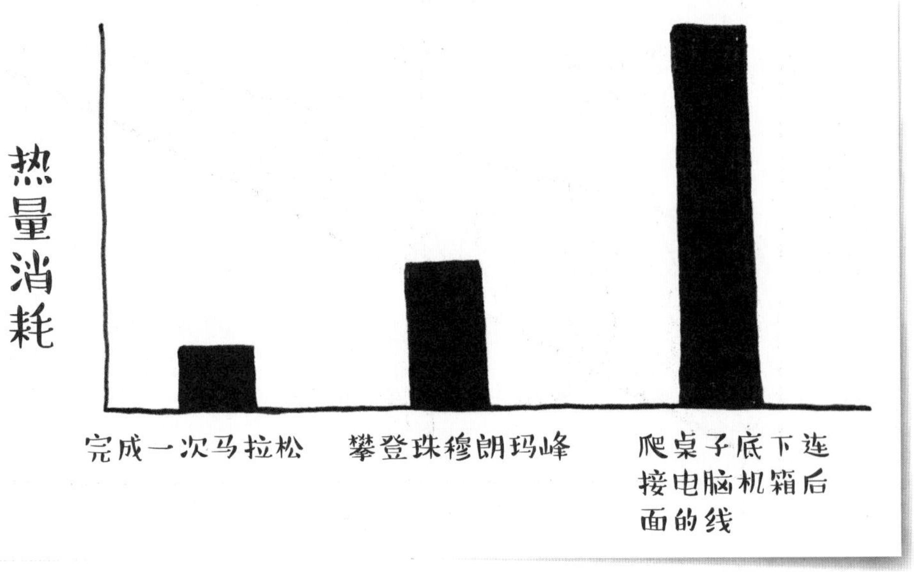

我讨厌去健身房。但我觉得开这样一个健身房会有市场：整间屋子里放着大量办公桌，你得爬到桌子底下去接好线缆点亮桌上显示屏，之后你获得赞赏，并获准回家。这样你不但得到了很好的锻炼，还让一台电脑投入使用。这跟真实办公室是不一样的，在办公室里，你只会获赠一个“修电脑的”头衔，并且变成一个被奴役的栖身于办公桌的“IT 穴居人”（尽管核心力量不错）。

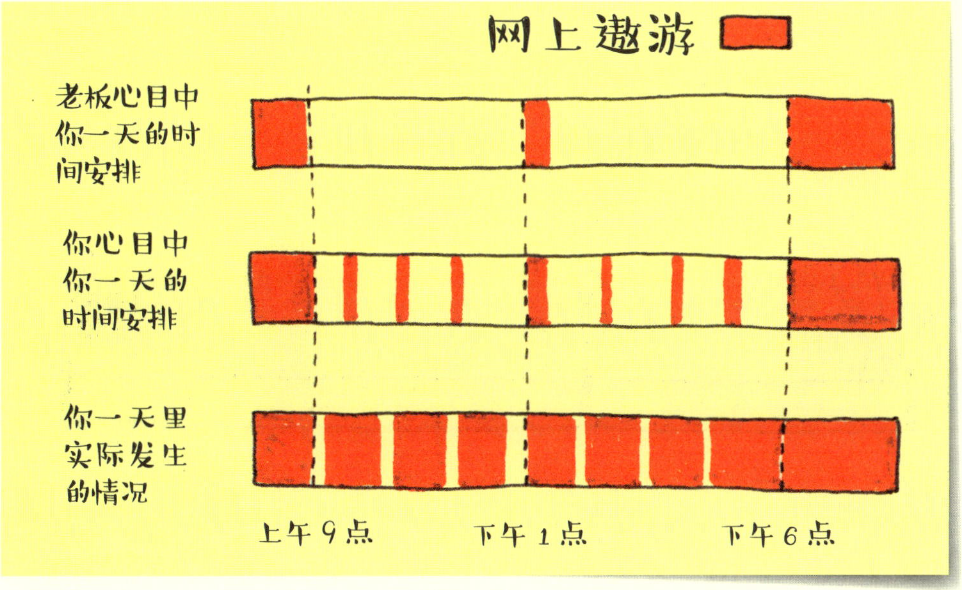

互联网到底是提高了人类的创新速度，还是沉迷云撸猫损失的时间总量事实上拖累了我们的创新速度？

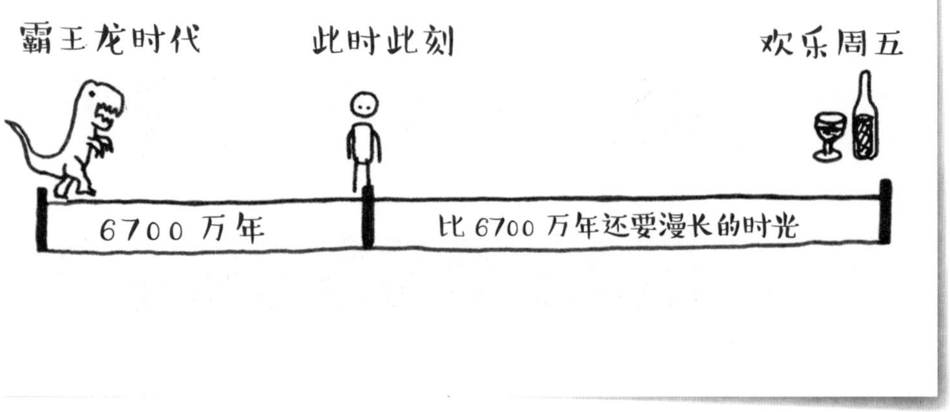

与理性解释相悖的是，这是你能体验到的最接近量子力学的一刻。

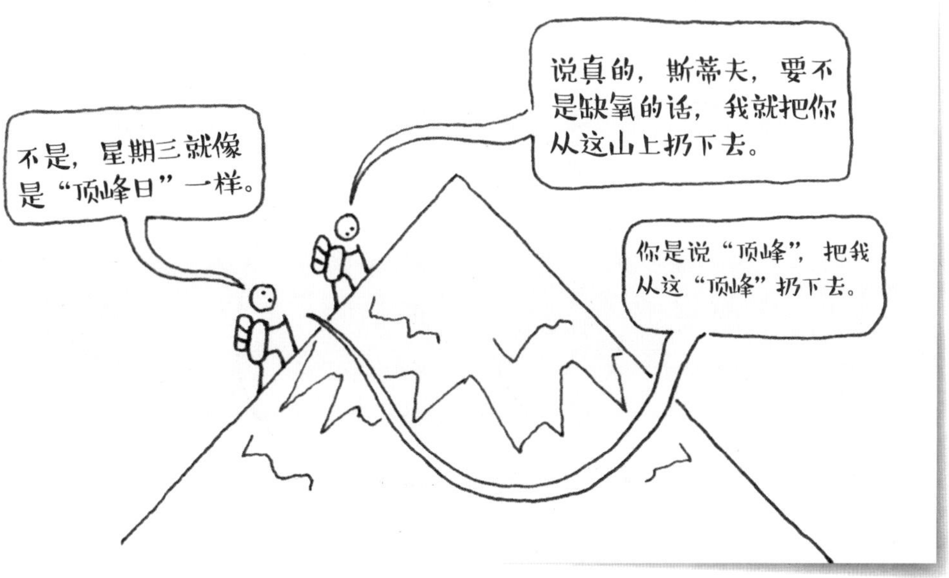
不是，星期三就像是“顶峰日”一样。
说真的，斯蒂夫，要不是缺氧的话，我就把你从这山上扔下去。
你是说“顶峰”，把我从这“顶峰”扔下去。

停！快停下！没人在意你给周三起了什么可爱的小名字。办公室里大部分那些你自以为是朋友的人早计划好周五下班后去喝一杯，还不准备带你玩儿，而你跳进办公室兴奋地宣布周三代表着“一周”这座大山的顶峰，多半只是帮助他们拿定这个主意罢了。

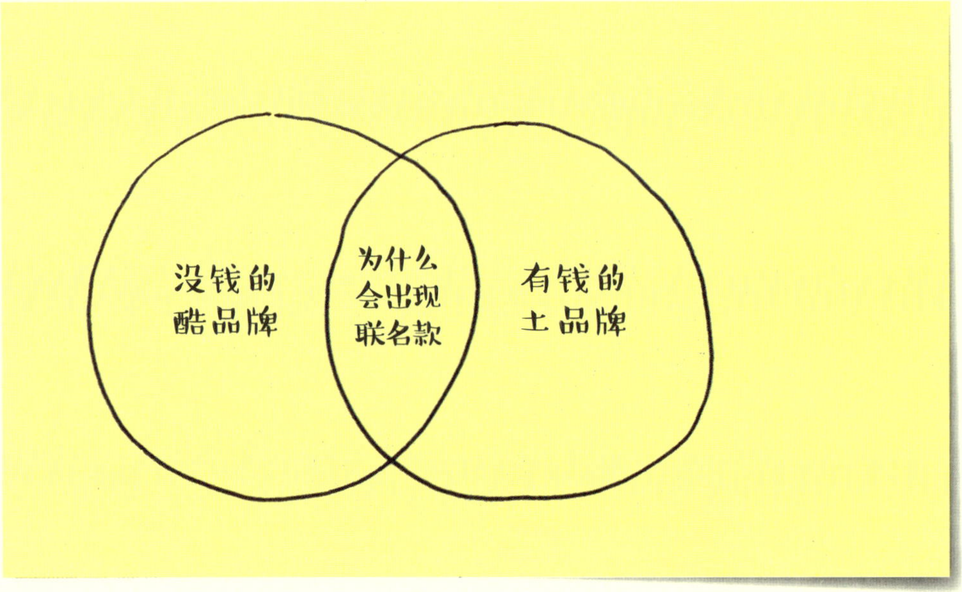

如果你在联名款中是有钱的那一方，我这儿有点坏消息。

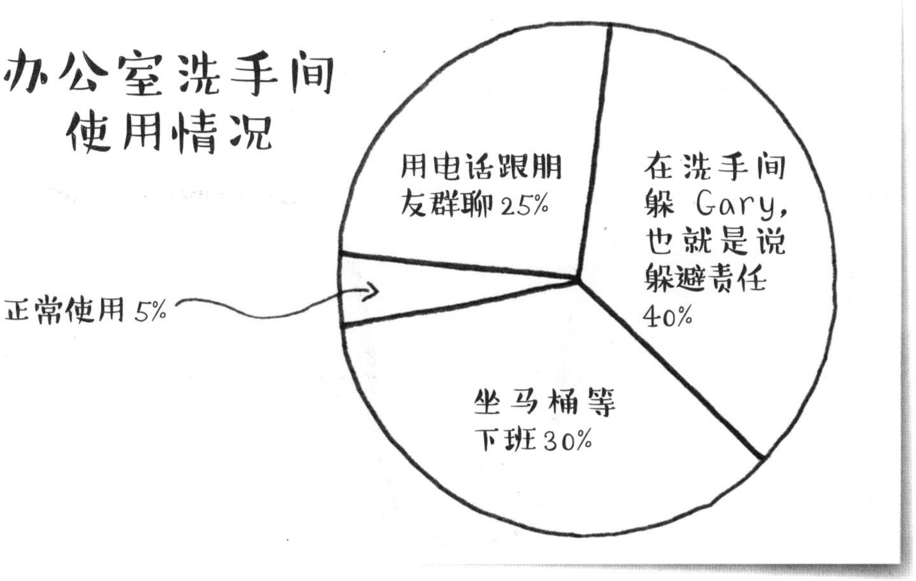

“你这两小时去哪了？”

“呃……在开会……跟那个……呃……我自己……我是说这是个私密会议，我不能说。反正我现在要回家了，再见！”

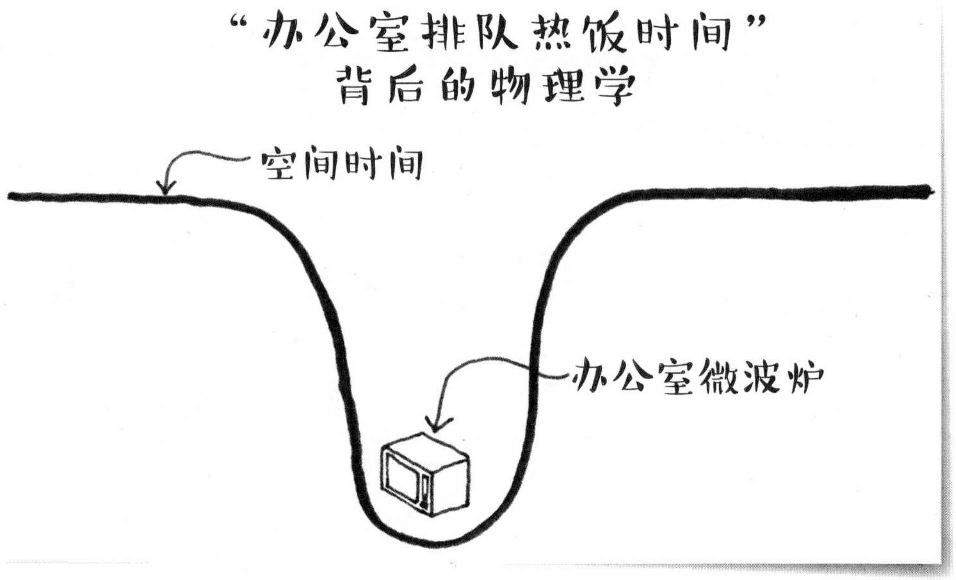

牛顿、爱因斯坦、霍金，这只是几个在提及天体物理学和时空时不知道自己在说啥的人。他们都没有发现，地球的重力牵引力实际上是由于办公室微波炉聚集产生的。只要办公室里有足够多运转的微波炉，当你注视着琳达吃剩的印度外卖慢慢加热仿佛永远停不下来，就像看着一个深渊，时间也就静止了下来。

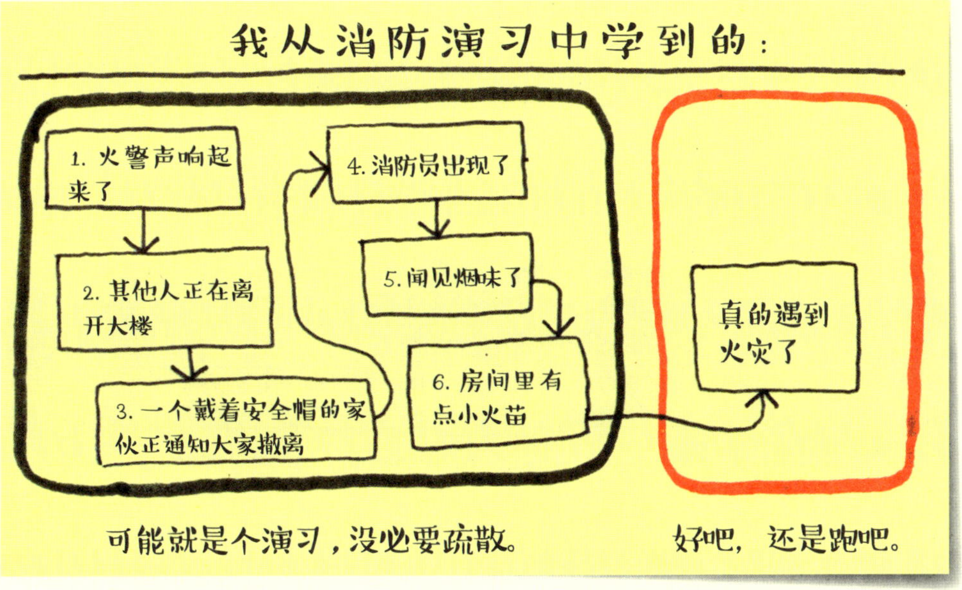
我从消防演习中学到的：
1. 火警声响起来了
2. 其他人正在离开大楼
3. 一个戴着安全帽的家伙正通知大家撤离
4. 消防员出现了
5. 闻见烟味了
6. 房间里有点小火苗
真的遇到火灾了
可能就是个演习，没必要疏散。
好吧，还是跑吧。

如果我们要进行一次消防演习，那就该像模像样地把大楼给点了。身临其境，真情实感。

你怎么看待『先有鸡还是先有蛋』这个问题？有啥想法吗？

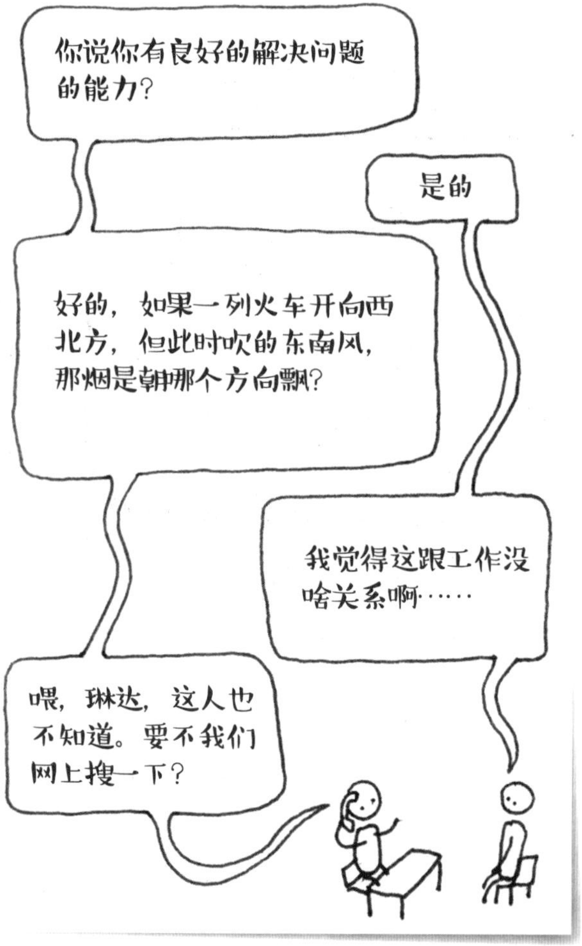
你说你有良好的解决问题的能力？
是的
好的，如果一列火车开向西北方，但此时吹的东南风，那烟是朝那个方向飘？
我觉得这跟工作没啥关系啊……
喂，琳达，这人也不知道。要不我们网上搜一下？

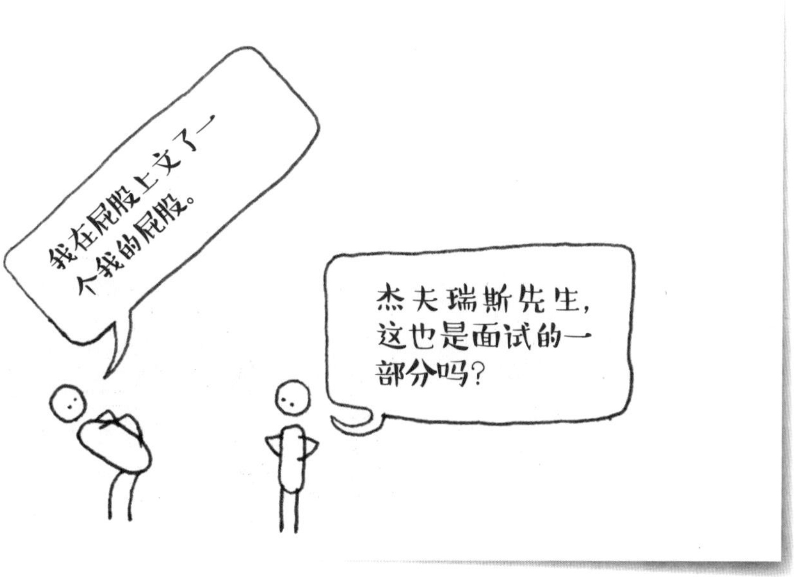
我在屁股上文了一个我的屁股。
杰夫瑞斯先生，这也是面试的一部分吗？

“工作面试？我甚至都不在这工作啊。”

所以就是，我说，布瑞特，你自己弄咖啡去。然后我就被解雇了。
当然了，实际上我也没有工作签证就是了

而且，这个镇上的房租高过天了，我早该知道这一点！

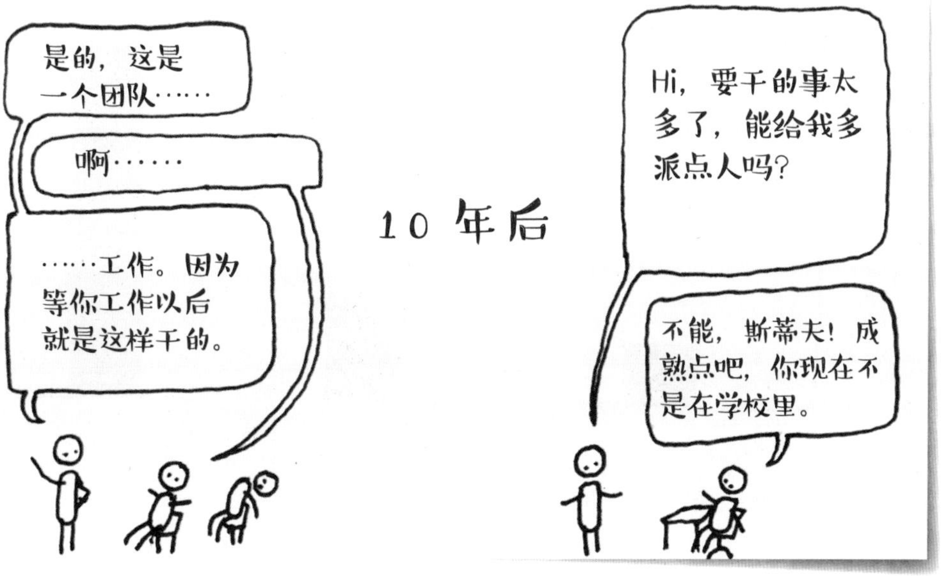
是的，这是一个团队……
啊……
……工作。因为等你工作以后就是这样干的。
10年后
Hi，要干的事太多了，能给我多派点人吗？
不能，斯蒂夫！成熟点吧，你现在不是在学校里。

我希望大学里就有真实的工作环境：在一个三到四人的项目组里，不是负责人的那两三位不是在忙其他大学的项目，就是请了病假完全没空，所以项目负责人一个人要搞定整个项目并确保全员及格。

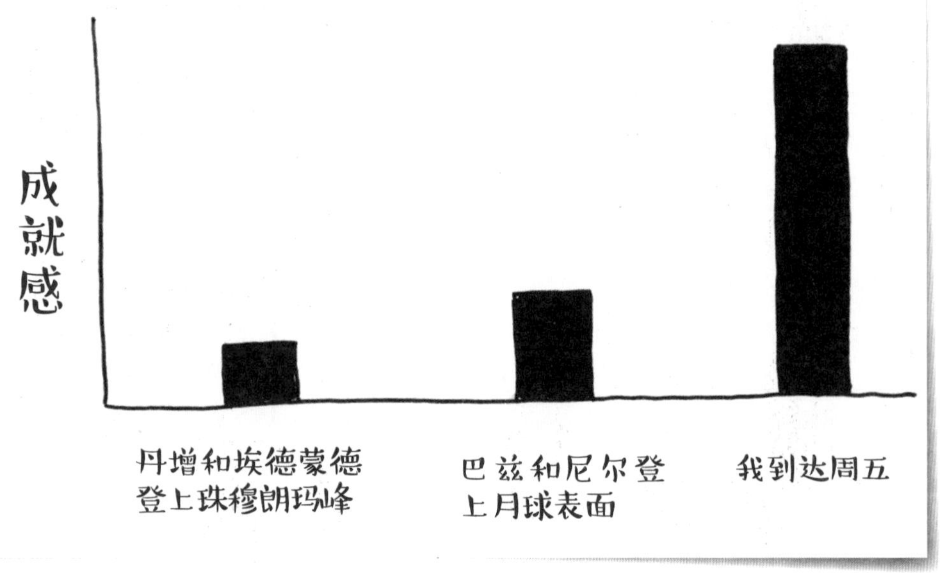

巧合的是，埃德蒙德和丹增登顶珠穆朗玛峰时正是周五午饭前。而巴兹和尼尔周三就出发去上班，直到次周周日才登上月球。这跟其他几个值得注意的纪录一样，都属于全世界最长的通勤路程了。

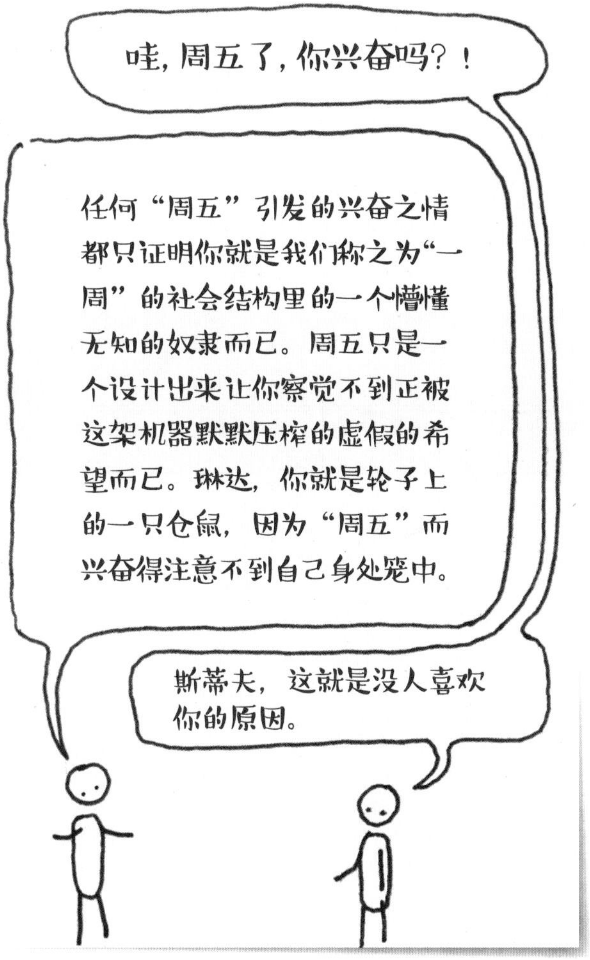
哇，周五了，你兴奋吗？！
任何“周五”引发的兴奋之情都只证明你就是我们称之为“一周”的社会结构里的一个懵懂无知的奴隶而已。周五只是一个设计出来让你察觉不到正被这架机器默默压榨的虚假的希望而已。琳达，你就是轮子上的一只仓鼠，因为“周五”而兴奋得注意不到自己身处笼中。
斯蒂夫，这就是没人喜欢你的原因。

『斯蒂夫不来吃午饭了，因为他拒绝被设计好的「用餐时间」压迫。』

居家生活

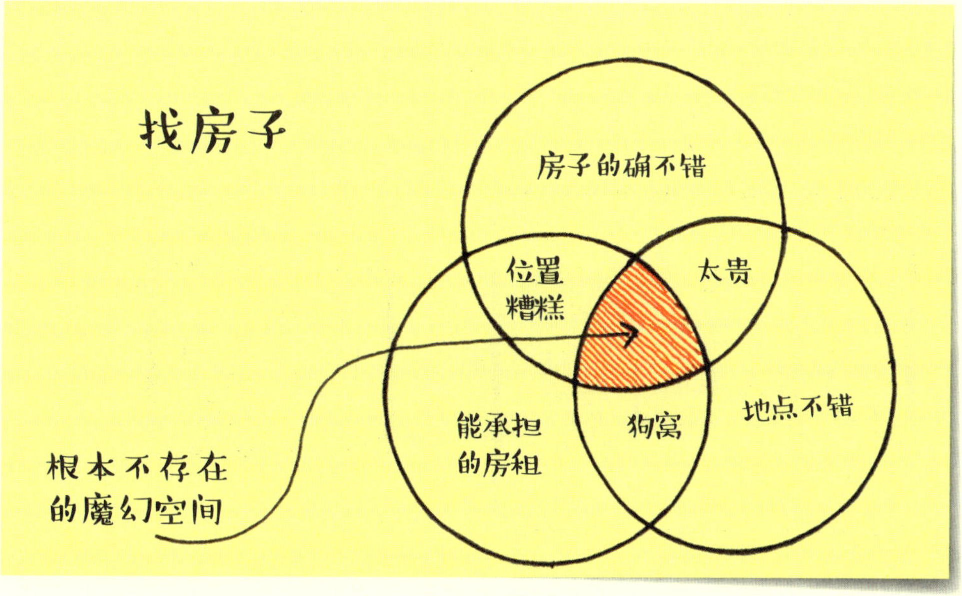

其实是这样的。找房实际上不是寻觅一个你的所有要求都符合的地方，而是找一个不符合某个要求但总体仍然可以接受的地方。你接受每天超过一小时的通勤吗？还是愿意为房租花掉 3/4 的薪水？如果你的答案都是否定的，那你最好能够在一个让你时不时想犯罪的环境里愉快生活，因为监狱可能都比你生活的地方好点。

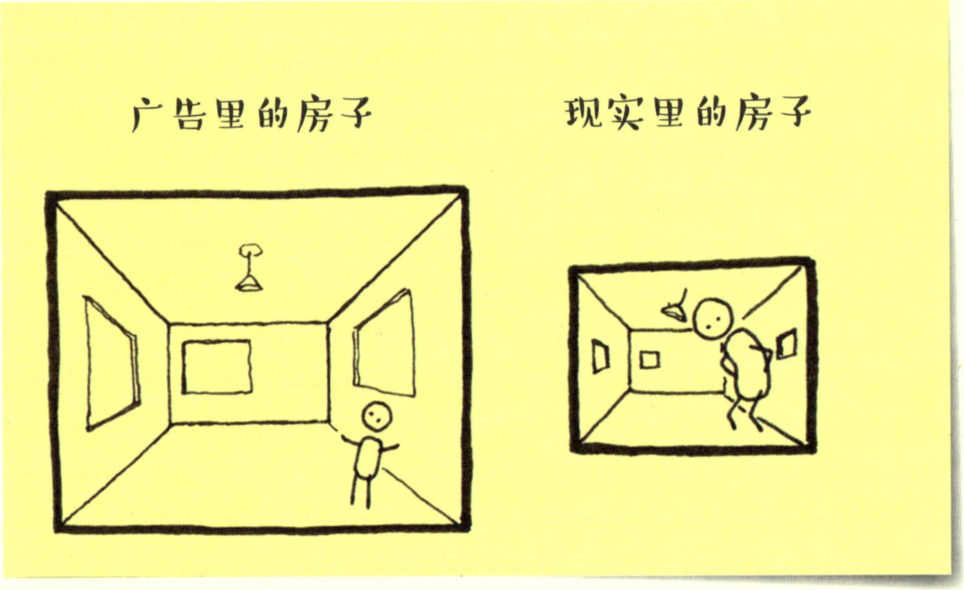

“啊，好吧，所以窗户是在墙上画出来的，这也不是个墙，只是你用来隔离起居室的一个帘子。也就是说你广告里的信息是完全失真的。但是，这个房子我当然还是要的。”

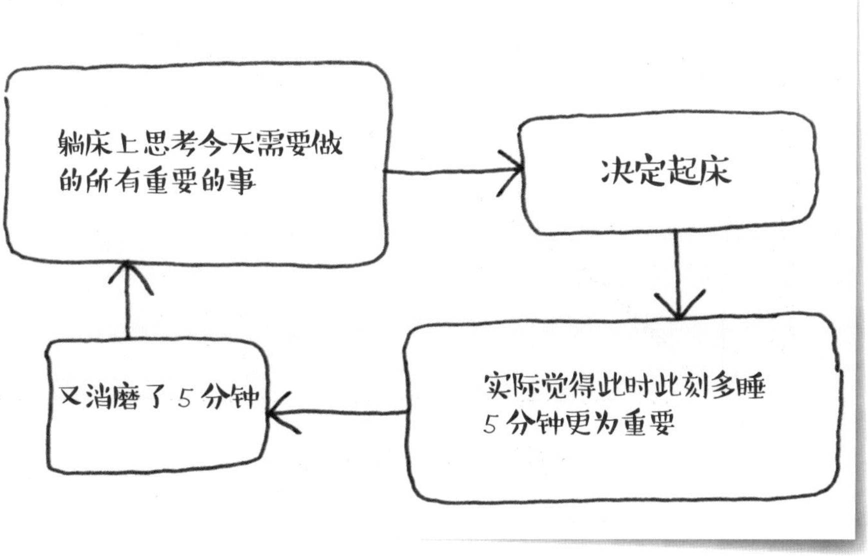

好吧，如果我不洗澡、不吃早饭、不烫衬衫并且打个车去上班的话，那我大概能多睡45分钟。当然，我到公司的时候看起来估计跟个流浪汉差不多，但我相信这是值得的。

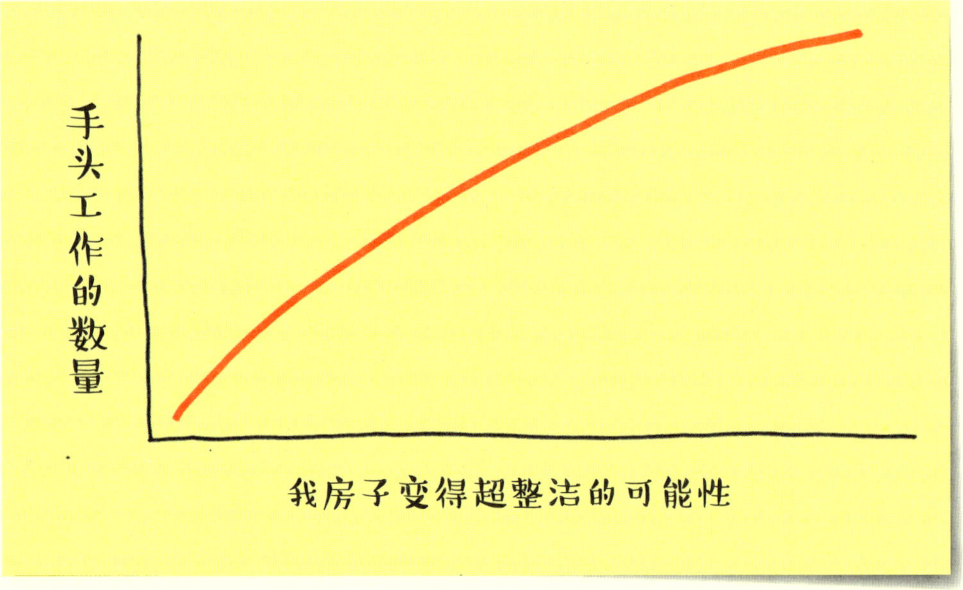

我想知道清洁工在犯拖延症的时候都干点啥。

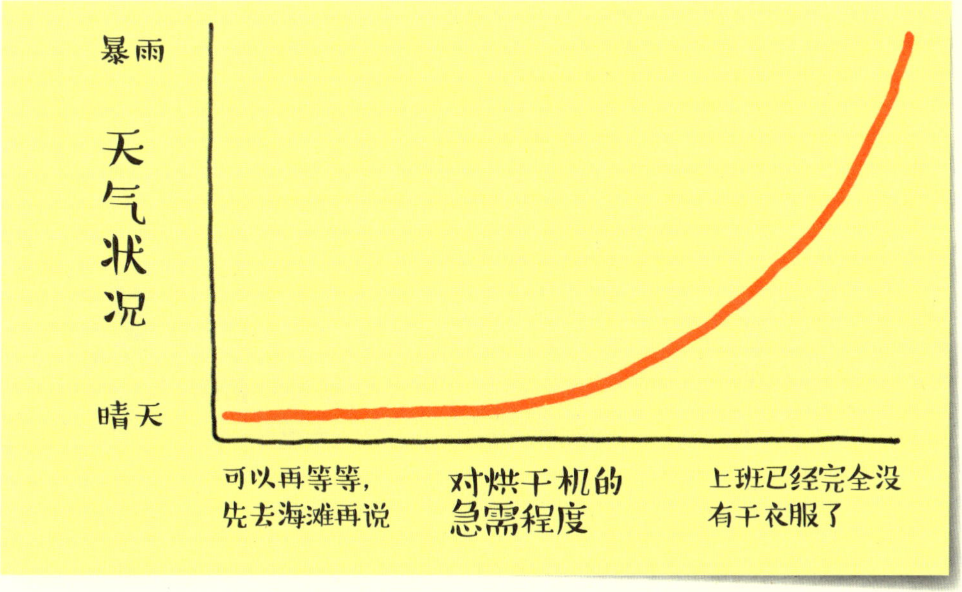

如果遇到大旱，全体人类应该聚在一起洗衣服，然后当全国上百万台洗衣机同时进入甩干程序的时候，集体坐下来看乌云滚滚而来。

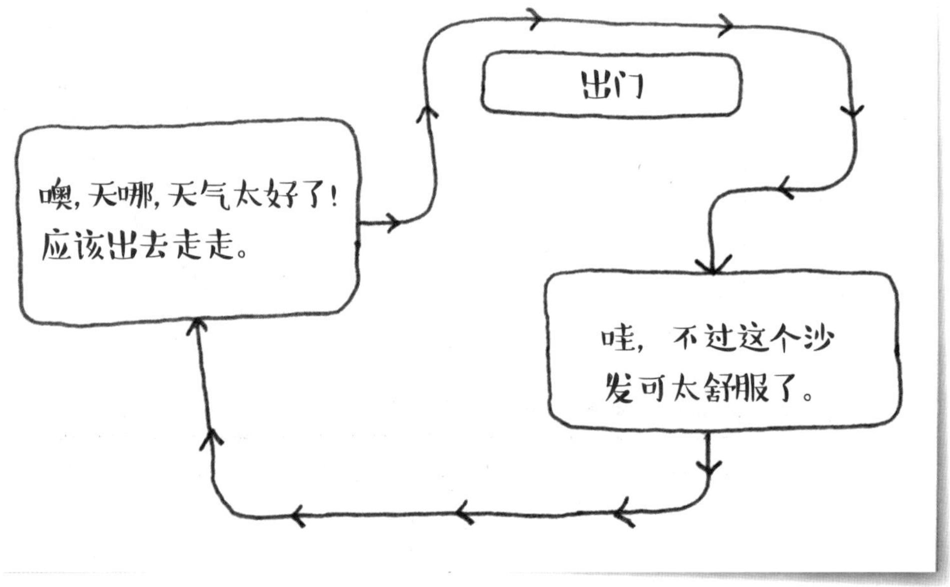
出门
噢，天哪，天气太好了！应该出去走走。
哇，不过这个沙发可太舒服了。

理想状态下，我想要一个有着大窗户的房子，阳光可以透过窗户照进来，我会在阳光下放一个沙发，这样，既能享受朋友短信里宣称的家门外的“美好一天”，又不必离开我的房子。

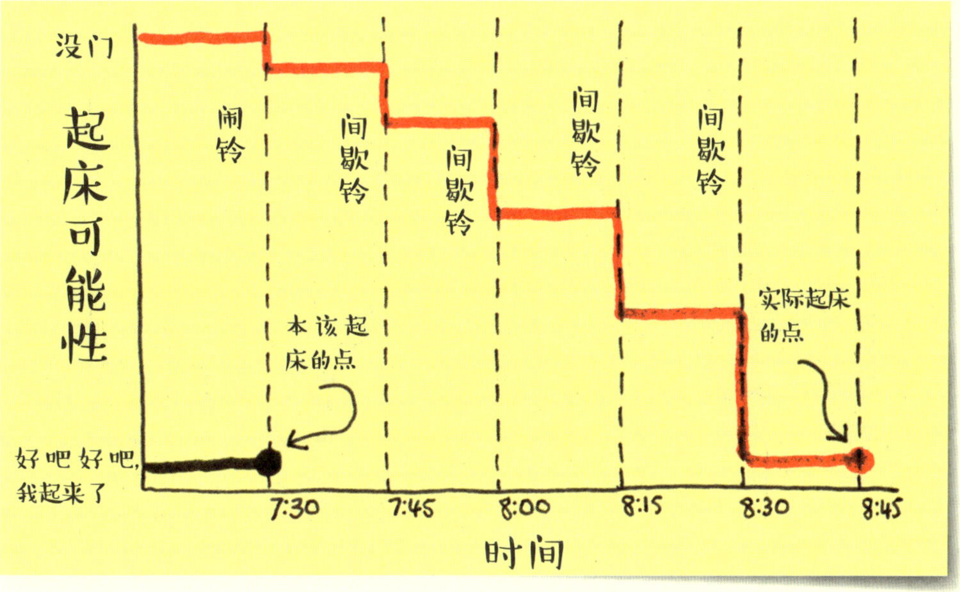

全世界对于气候变化都持同一态度。当然，我们应该做点什么……过一会儿再做。

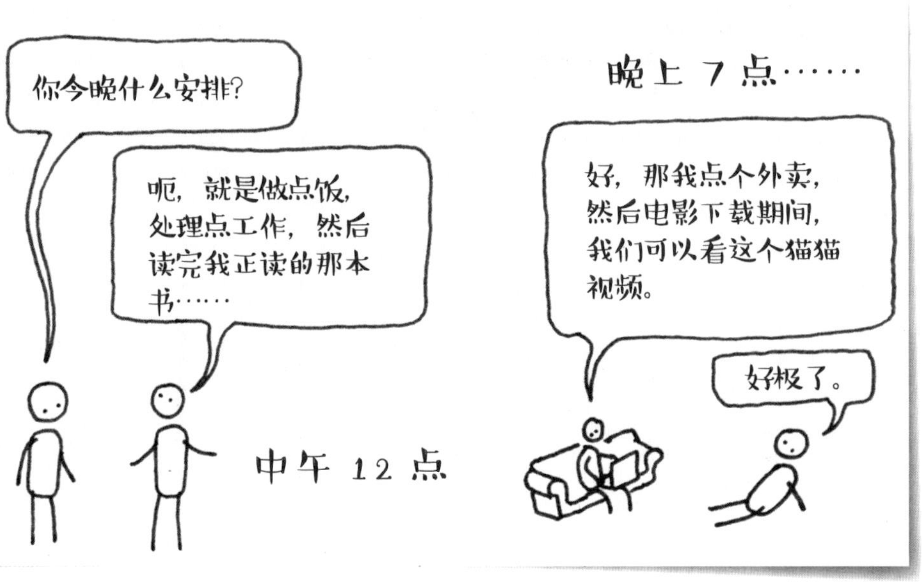
你今晚什么安排?
呃，就是做点饭，处理点工作，然后读完我正读的那本书……
中午 12 点
晚上 7 点……
好，那我点个外卖，然后电影下载期间，我们可以看这个猫猫视频。
好极了。

“等等，等等，我们还应该看看那个《会说话的船》的视频，你在油管上搜一下，相信我……绝对爆笑。”

*《会说话的船》是 2013 年油管上一个热门小视频，内容是风吹动了一辆拖车上装载的船的盖布，看起来好像这艘船在对后面的车胡言乱语，拍视频的人给它配了音。这段视频虽然无意义但搞笑，因而走红。

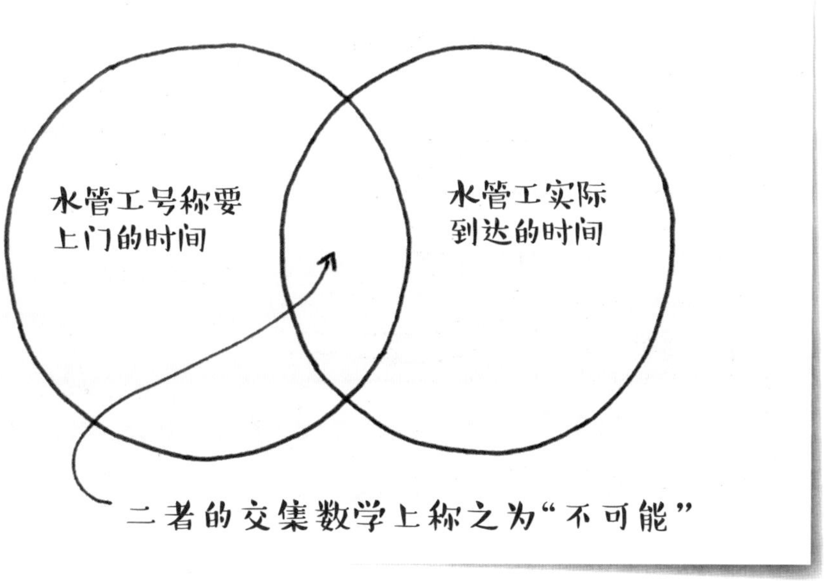

如果咖啡师做咖啡也是这么随意的态度就好了。这样我就可以打电话到办公室说:“我会在早晨 8 点到下午 1 点间的某个时间到达公司，因为我正在等我的咖啡。真抱歉啊，但他们做咖啡就是这个时间啊。” 然后我就可以在咖啡馆晃一整天，顺便诅咒一下咖啡师。

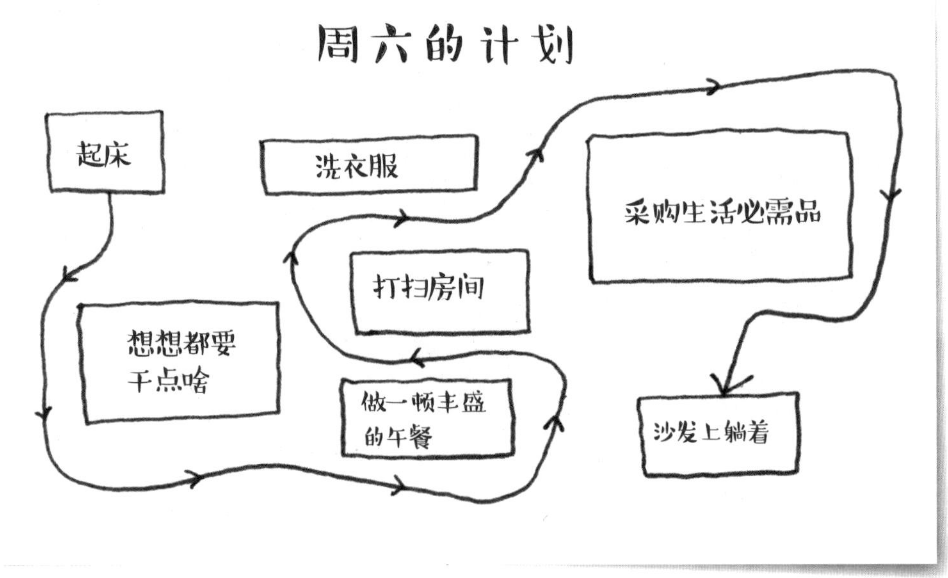

“啥也不做”是我周末最爱做的事儿之一。这也意味着我没办法做很多其他事情，因为“啥也不做”占用了我太多时间。我就是这么忙啊。

所以我已经驯化了这只狼。我想我现在应该算他的主人了。我要给它命名为“狗”。
事情是这样的：我们现在有了新的名字“狗”，然后把猎食这事免费外包给了这些家伙。
托尼，谈得不错啊。这些蠢货。我要跟斯蒂夫聊一下这个巨大的提升。

“对，我相当激动。运气好的话，我们就不再需要那些猎食和生存技巧了。几千年之内，通过一点选育操作，最终我们将达成梦想：长得不比老鼠大，能被人装在手袋里带来带去。我跟你讲，这种融合是我们做过的最棒的事情。”

等一下，有新来的狗吗？有？这样的话，先狂吠一通，再狂奔一阵，然后去吃点东西，主要为了证明你很擅长做各种事情，比如吃狗粮。

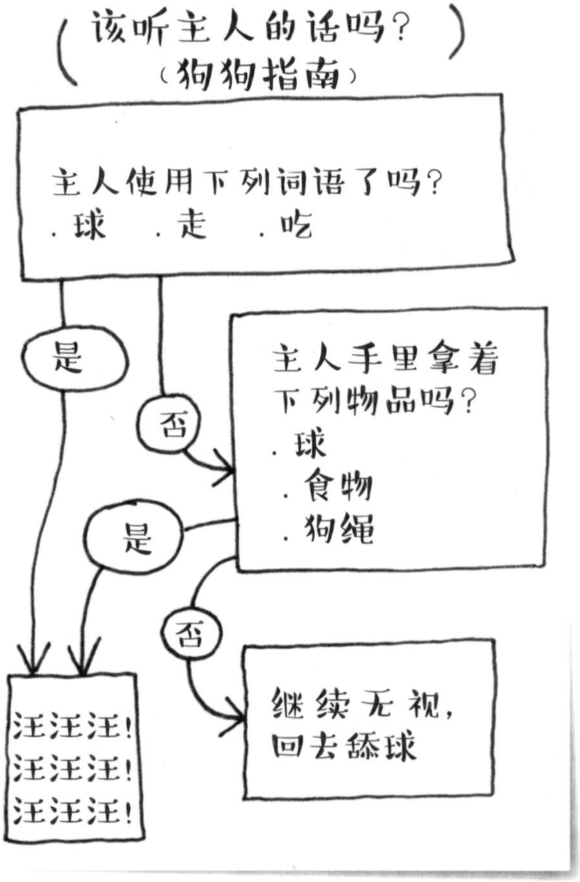

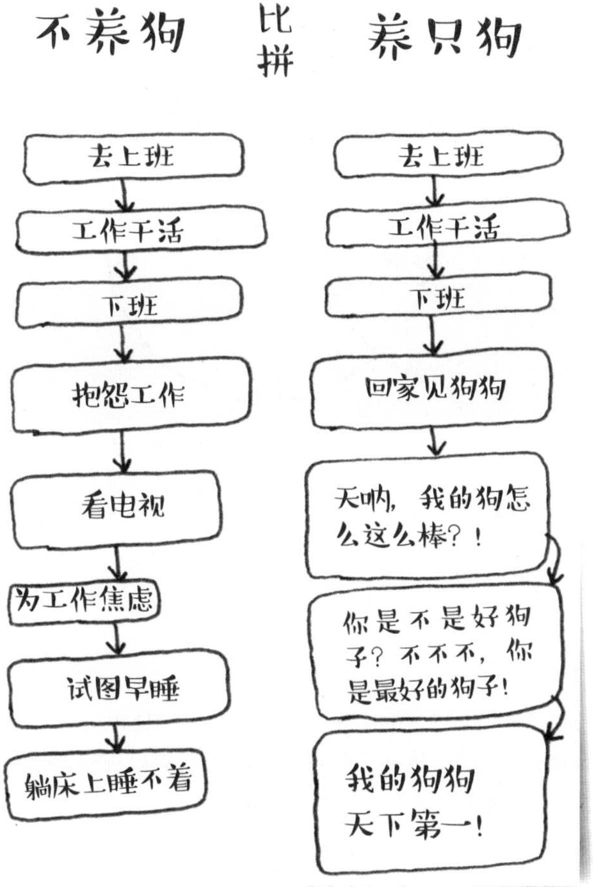

有时候我会想，狗狗是真的爱我们吗？还是它们只不过是意识到，如果有人跟在身后只为捡屎，那你绝不可让他失望，因为很明显这是个疯子。

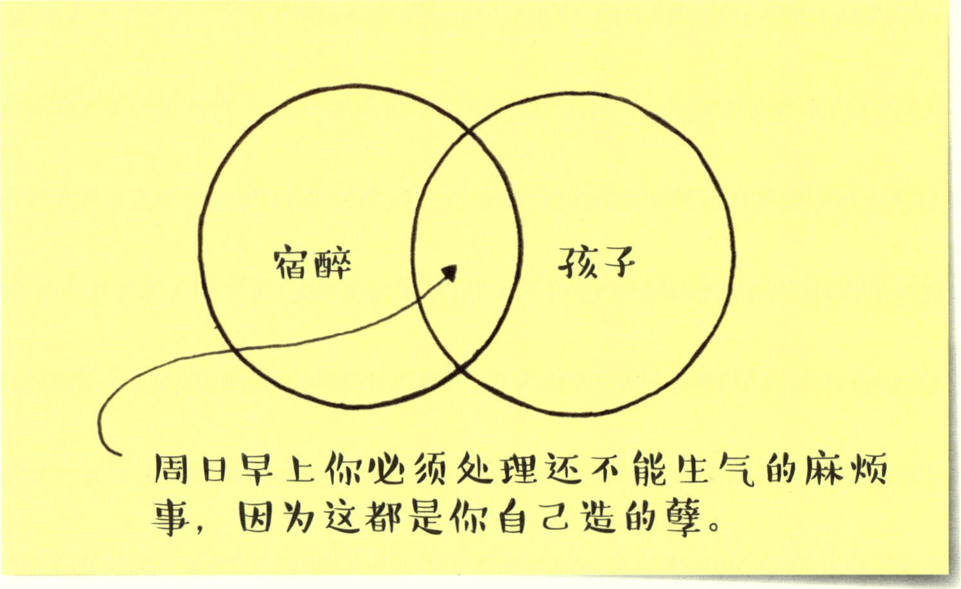

有人认为养狗是养孩子前的一个很好的实践。但事实上，养狗的责任大多了——首先，孩子绝不会离开你视线 5 分钟就把邻居的猫给拖死。不，更负责任的选择是尽可能大醉一场，然后好好处理这场宿醉，仿佛这就是某个讨厌的、高需求的小人儿。

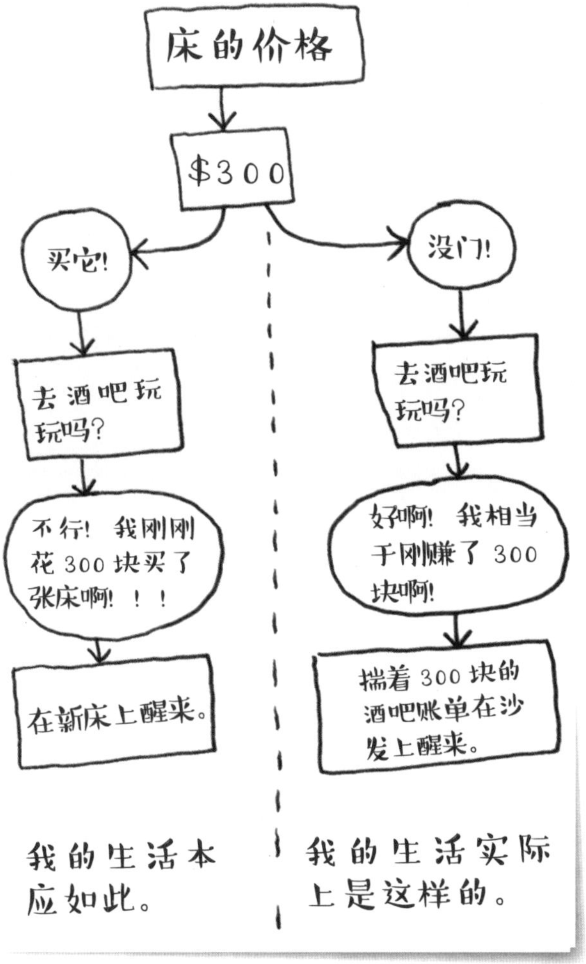
床的价格
$300
买它!
去酒吧玩玩吗?
不行! 我刚刚花 300 块买了张床啊! ! !
在新床上醒来。
没门!
去酒吧玩玩吗?
好啊! 我相当于刚赚了 300 块啊!
揣着 300 块的酒吧账单在沙发上醒来。
我的生活本应如此。
我的生活实际上是这样的。

我可以用这个简单的公式证明点外卖比做饭合理：计算一下你给自己做顿饭的时间能赚多少钱，再算算与外卖的差价，运气好的话，那你点个外卖就是在挣钱呢。

我知道，天才，是不是？

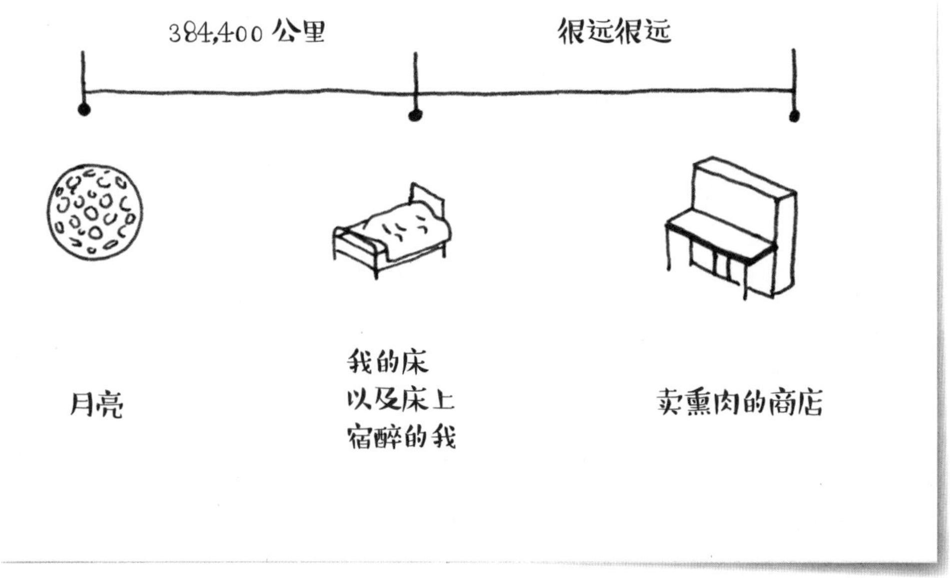

尼尔 · 阿姆斯特朗和巴兹 · 奥尔德林花了大约 8 天时间以及 1000 亿美元（按今天的货币价格计算）登月并返回，而他们竟然连片熏肉或者好喝的饮料都没带回来。这就引出一个问题：登月的意义何在?

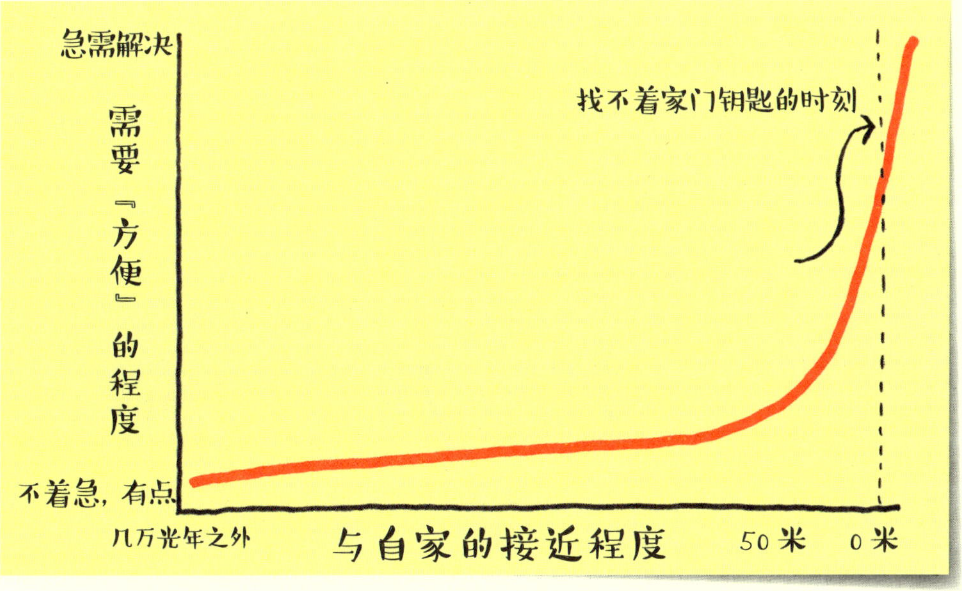

“说真的，盖瑞，你提醒我，我们早就该离开酒吧了，对现在的情况——毫无帮助！”

有没有人给袜子建个像 Ancestry 的家谱网？我很想知道我那另一只起了毛的老运动袜去哪了。我惦念它的归宿。待在抽屉里的老袜子每天都在向袜子天堂祈祷，希望终有一天它们能够团聚，完全不知道它早已迎娶了另一个袜子寡妇，它们虽然完全不同，在一起看起来奇奇怪怪，但仍然幸福地生活在一起。

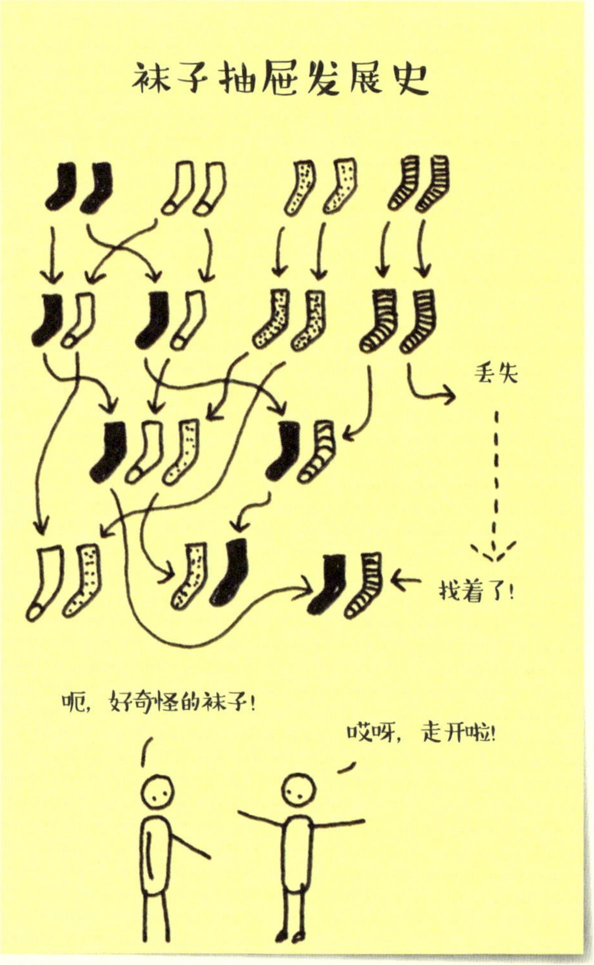

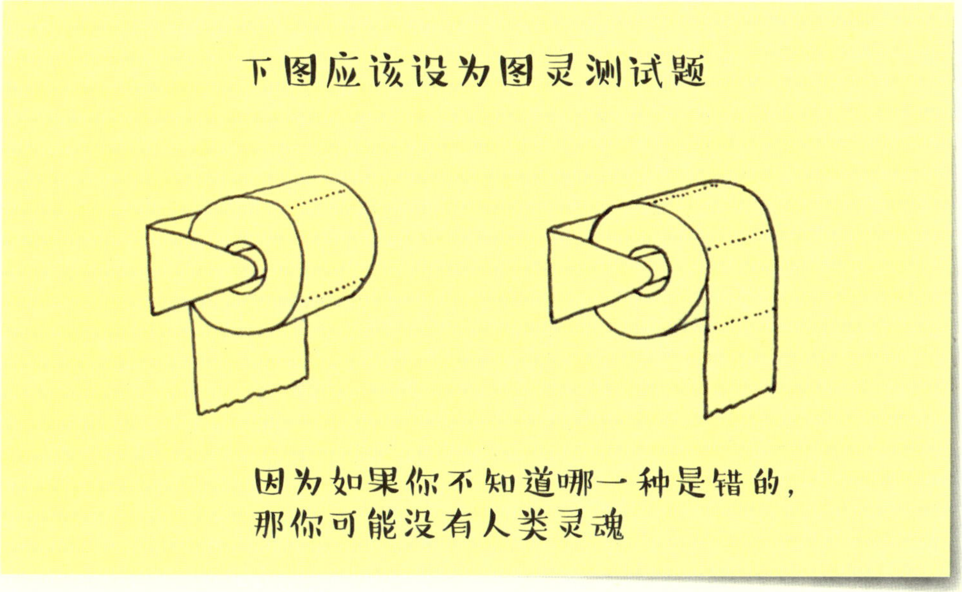
下图应该设为图灵测试题
因为如果你不知道哪一种是错的，
那你可能没有人类灵魂

甭想从我这儿得到答案。你在过日子的同时必须知道自己有 50% 的可能就是个机器人。

* 图灵测试：即人类智能测试，无法通过测试即证明是机器。

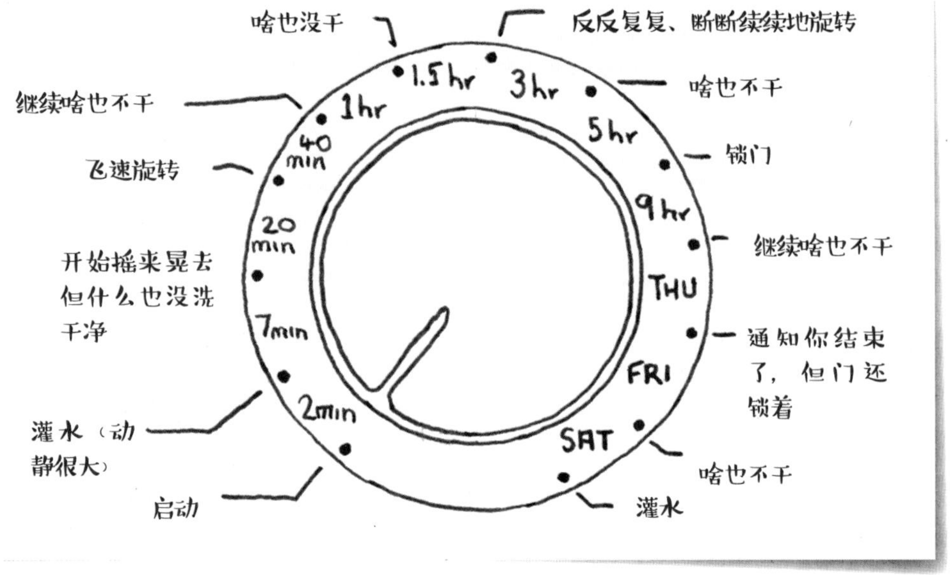

老实说，洗衣服这件事绝算不上最有趣的家务活儿。因此当你不得不和把你的衣服像人质一样扣留的洗衣机展开谈判时，整个过程就变得刺激多了，虽然这有时也会让你大为恼火。我真心觉得经过过去 15 年我与那狡猾的机器频频过招之后，如果绑架事件真的发生的话，我会是一个相当优秀的人质谈判专家。

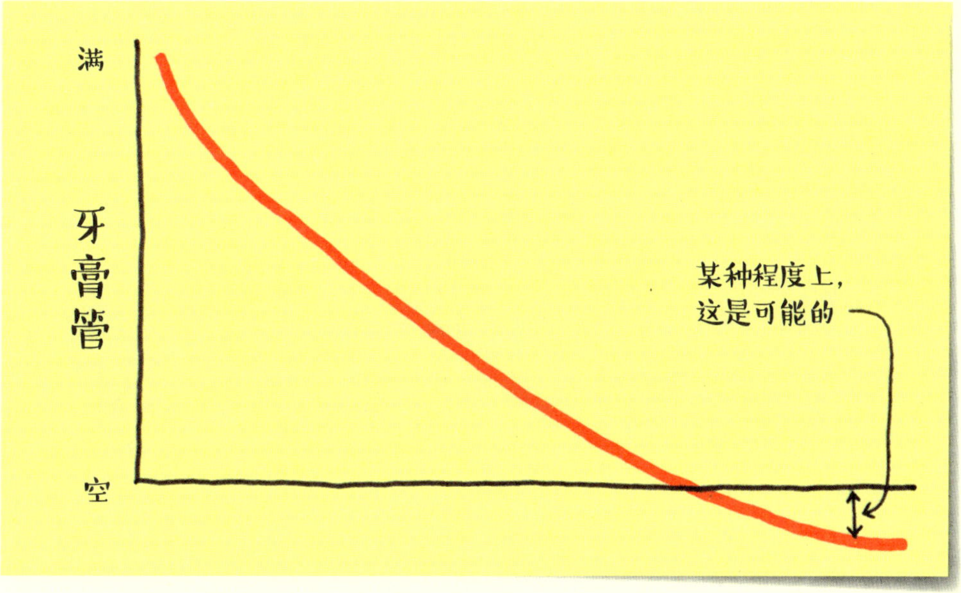

关于宇宙最终的命运有好几种理论。其中一种预言最终宇宙将耗尽为恒星提供能量的气体，而恒星反过来也将燃烧殆尽，随着宇宙慢慢接近最大熵，只剩下逐渐互相吞噬的黑洞，只留下一个空旷、黑暗、寂静、不存在任何东西的真空。

当然，除了一点剩下的牙膏。

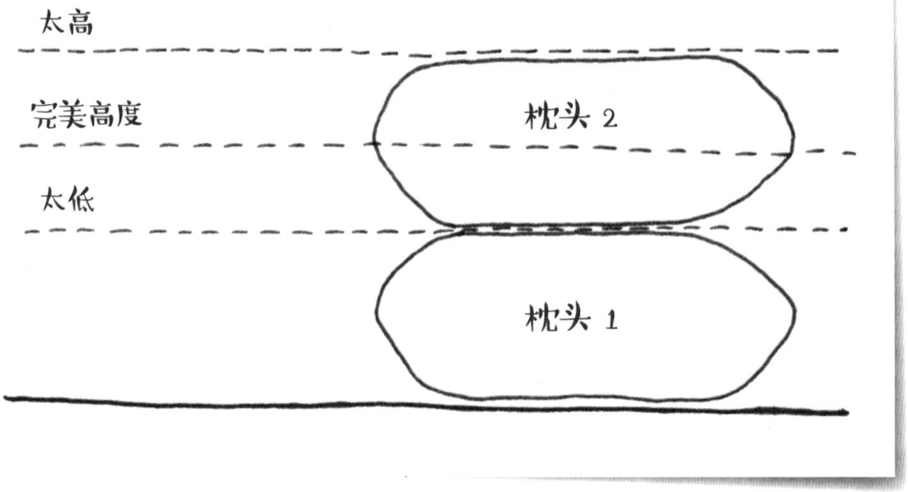

我现在几乎完全相信，这就是枕头厂设计部门持续进行的一个玩笑。干得漂亮，枕头设计师，干得漂亮。

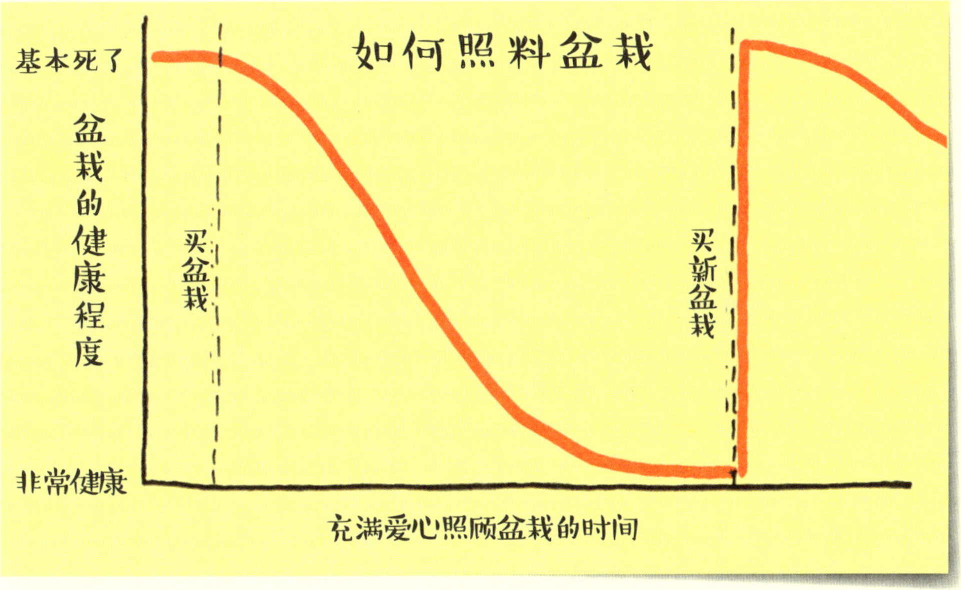

“哇，你养盆栽吗？”

“呃……我有些盆栽，它们至今还活着。”

“那……就是……你养盆栽吗？”

“我宁愿说自己是‘管理员’，也就是只能做到让它们在死亡之前过得稍微舒服一点。”

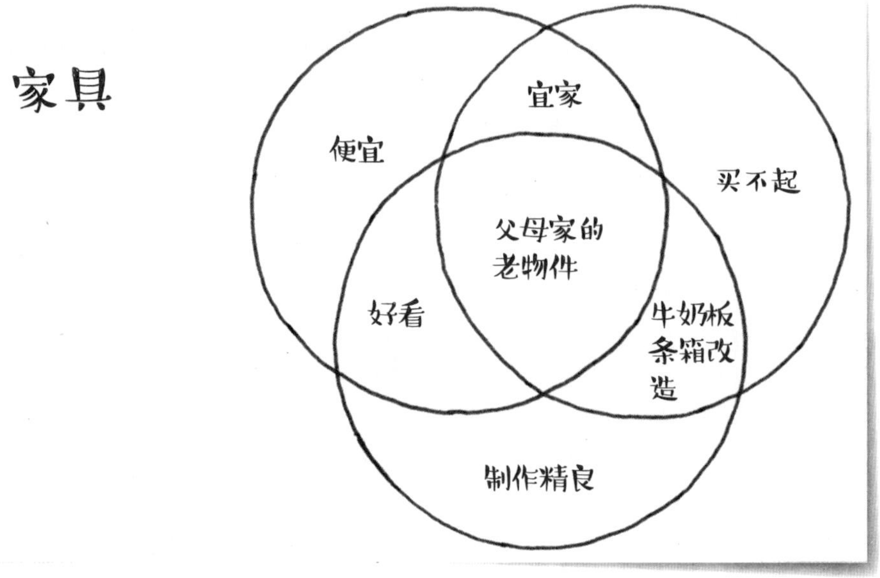

不幸的是，我估计我这堆乱七八糟的板条和钉子拼成的家具传给其他人的时候不一定是什么状态了。某种程度上来说，自己组装宜家家具将成为我们这一代所独有的技能。我们以后得强迫孩子尝试这一技能，看着他们吃力地想要搞定这一切时我们一脸嫌恶的表情，跟我们的父母看着我们尝试使用转盘电话、放上一张黑胶唱片或者干同一份工作超过三年时的表情一样。

* 将装牛奶的板条箱改造成小家具相当流行。

如果你能利用这种与其说是一个物质实体不如说是某种概念模糊的、更为临时也更具流动性的“衣柜”，为啥还要那么麻烦买一个真的衣柜呢？如果说有什么区别的话，那它可比宜家衣柜组装容易多了。

休闲娱乐

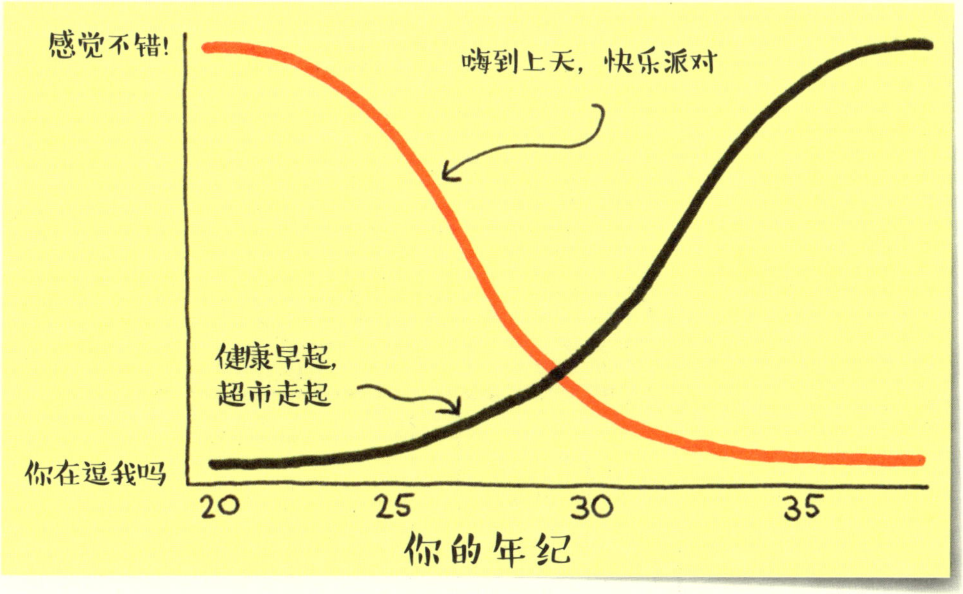

一生中会有那么一个时刻，你身处夜店环视四周——摩肩接踵的人群正努力盖过轰鸣刺耳的背景歌曲对着彼此的耳朵吼叫，而你的想法是：我这个年纪不适合来这了，我能接受这个事实。一旦你有这种想法，那就是时候准备好帆布环保袋和购物清单并且为健康早起定好闹钟了。

记住，在某些时候，即使是最德高望重的艺术评论家也可能会对着裸体小黄图傻笑。所以，你大可放下自己教养的包袱，就严肃的艺术作品坦率地发表自己真实的观点，甚至指手画脚、嬉笑戏谑。

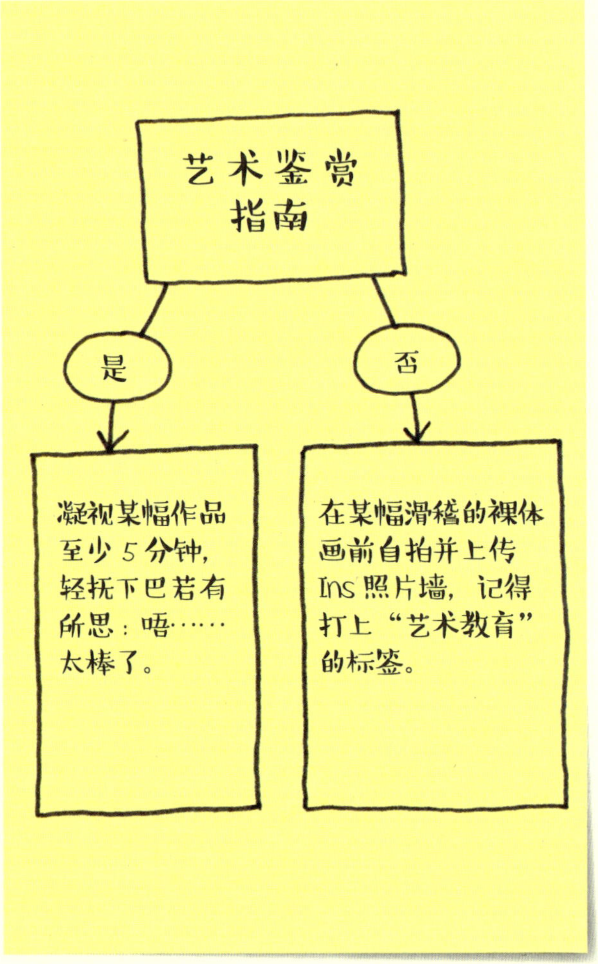
艺术鉴赏指南
是
否
凝视某幅作品至少 5 分钟，轻抚下巴若有所思：唔……太棒了。
在某幅滑稽的裸体画前自拍并上传 Ins 照片墙，记得打上“艺术教育”的标签。

画廊参观小贴士：秘诀在于速度。在画廊里尽量不要匆忙而行，要满面深思，时不时在某幅特别令人困惑的作品前驻足，轻摇尊头，仿佛已被某种技巧、某个创意或者别的什么玩意儿深深感动。然后可以走得再慢点，一脸追根究底的样子。幸运的话，此时你看起来就比较像个专业人士了，不过在一堆看起来都这个样的人里面你多少也显得面目模糊。

全不知道这是什么玩意儿。
太对了，特别好。她早期作品也不错。
太棒了，是吧？我认为这是她最好的作品之一。
我现在到底在哪个画廊？

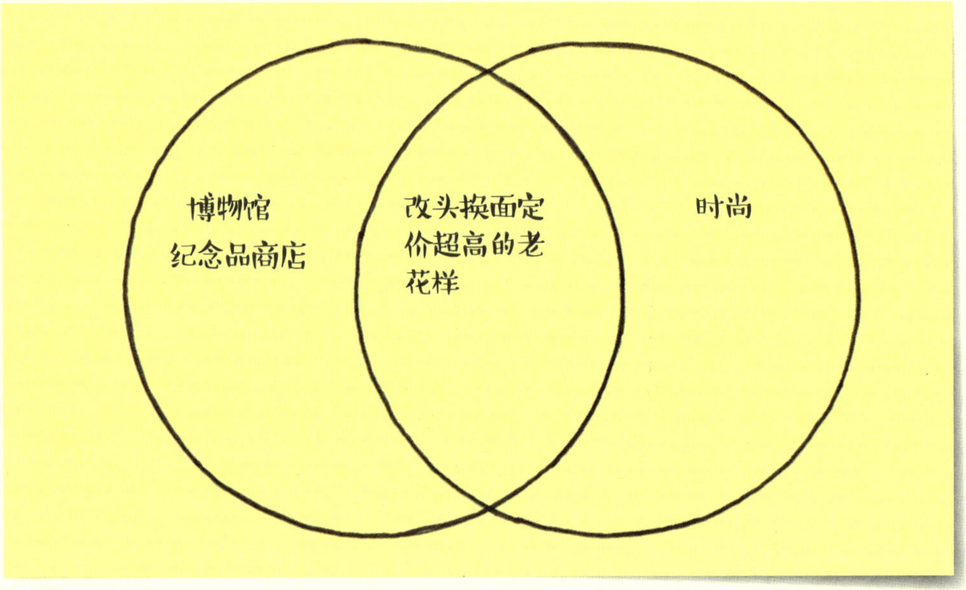

我觉得每个地方都该设一个纪念品商店。这样你从酒吧离开的时候，就可以在经过酒吧的纪念品商店时买一个本地醉汉手办放在家里作为纪念。当人们问你：“从哪搞的这个醉鬼啊？”你就可以轻笑着解释：“这个不是真有其人，是我在酒吧纪念品店买的。不过你应该去那儿看点真东西，绝对值得一看。”

影院观影指南

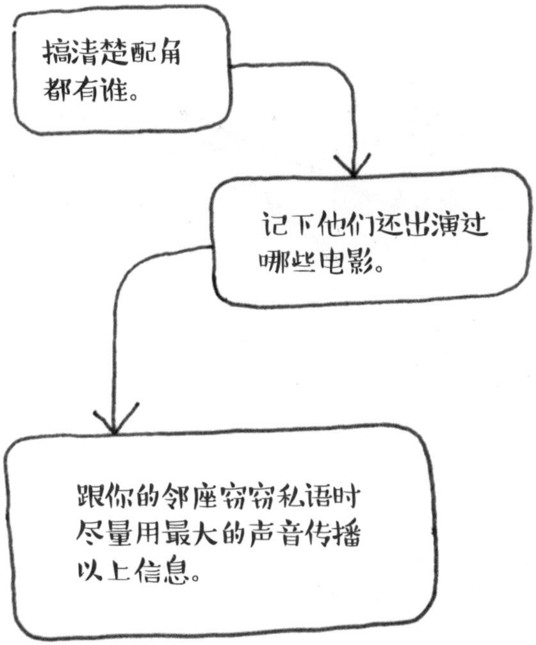
搞清楚配角
都有谁。
记下他们还出演过
哪些电影。
跟你的邻座窃窃私语时
尽量用最大的声音传播
以上信息。

当你终于突然想起某个演员还演过哪部电影时，一种特别的满足感和喜悦之情油然而生，以致于你激动不已必须大声告诉朋友，然后由于声音太大被踢出影厅。被赶出去的时候，某个人还会提醒你，几乎每部电影都有这个叫保罗·贾马蒂的家伙，所以就算你想起来一部实在也不值一提。

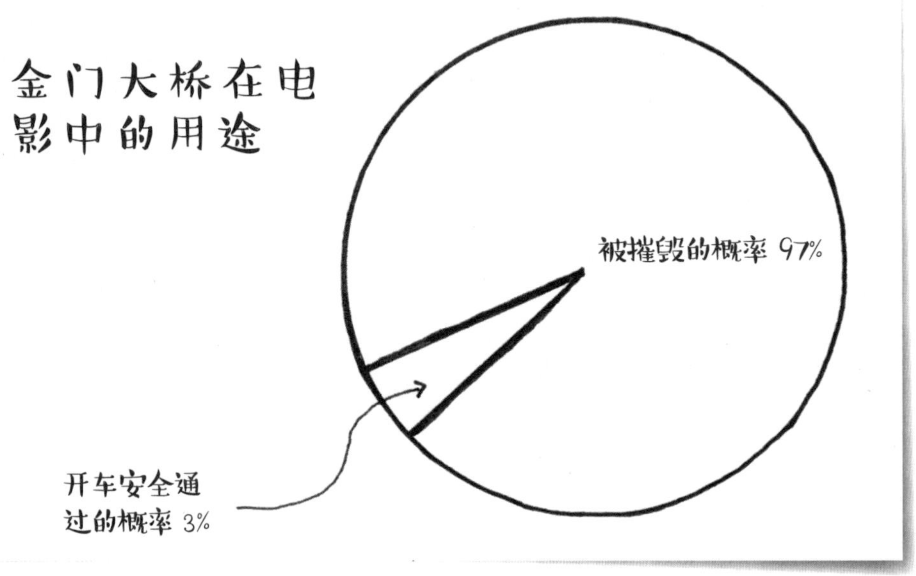

艾赞帕是一位桥梁建筑工人，参与了旧金山地区很多大桥的建设，同时他也因为是“金门大桥坠桥幸存第一人”而闻名（此事发生在建桥时期）。结果证明艾赞帕果然不是太擅长寻死，他一直活到 95 岁遐龄才去世。

为表敬意，人们甚至以他的名字命名了一座桥。想一下这是不是有点像用一位鲨口余生的幸存者的名字命名某种新的鲨鱼？

特工邦德喝了很多马丁尼酒，但永远不会看到他第二天挣扎着爬起来灌下三杯意式特浓。换作是你，哪怕头天晚上只喝了两杯马丁尼，也绝无可能一早爬起来连一两杯像样的热身咖啡都不喝就来个极速飙车之类的壮举。我说的『热身』是指某种肠道运动。这是你永远不会在007身上看到的另一面。但其实哪怕一次也好，我希望能看到某人说：『快点啊，邦德！我们该走了！』而（马桶上的）007漫不经心地捞起一本杂志应道：『好，5分钟，马上就来。』

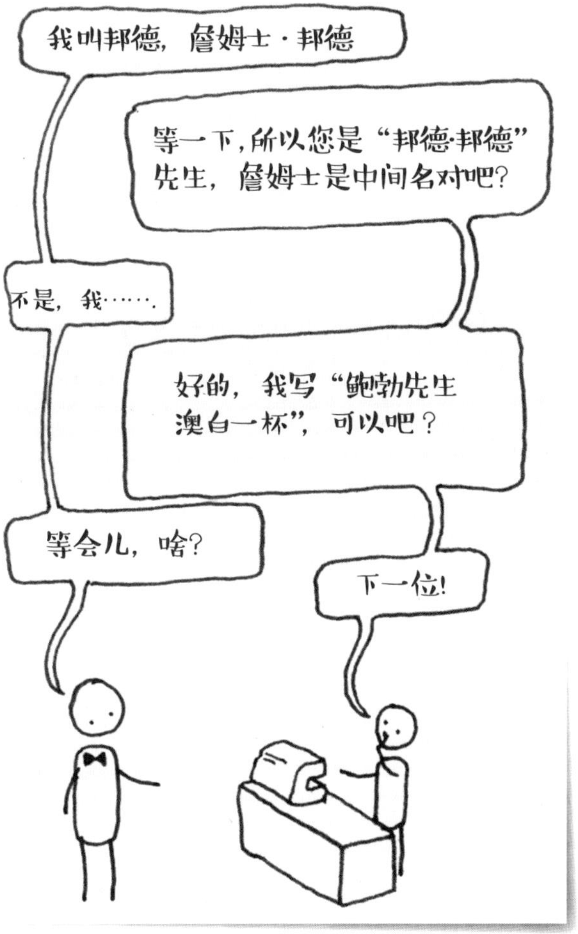
我叫邦德，詹姆士·邦德
等一下，所以您是“邦德·邦德”先生，詹姆士是中间名对吧？
不是，我……
好的，我写“鲍勃先生澳白一杯”，可以吧？
等会儿，啥？
下一位！

好的，这就是这儿装的安防系统？那我们……
太棒了，你觉得切断之后再恢复系统会很难吗？

印第安纳琼斯偷走神像之后到底发生了什么？安保公司有给宝藏主人赔偿吗？宝藏主人有在 Yelp 上给差评吗？一位美国考古学教授野蛮地偷走了秘鲁的无价艺术瑰宝，这到底有没有影响两国之间历史悠久、坚如磐石的双边关系？《夺宝奇兵》有太多没有解答的问题。

*Yelp 相当于美国的大众点评

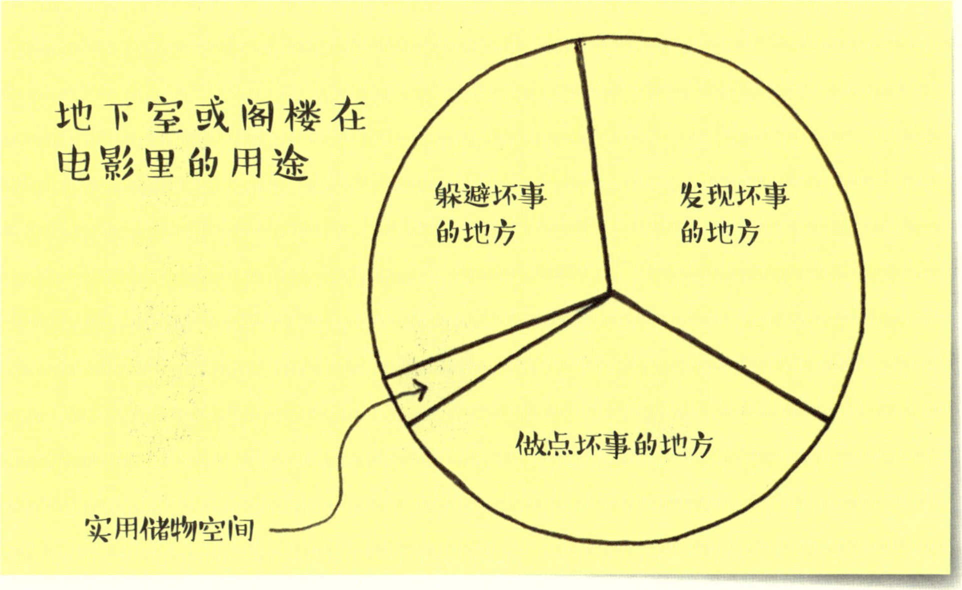

我想在电影中看到这样一幕：人们走进一个阁楼或地下室只是为了翻找高尔夫球杆、家庭录像带（或者人们通常会在这里收纳的其他东西），绝对不会发生别的什么事情。

但你知道吗，当你走出电影院跟你的约会对象交流时，你仍然会说："地下室那一幕是怎么回事？那个情节到底是啥意思？"

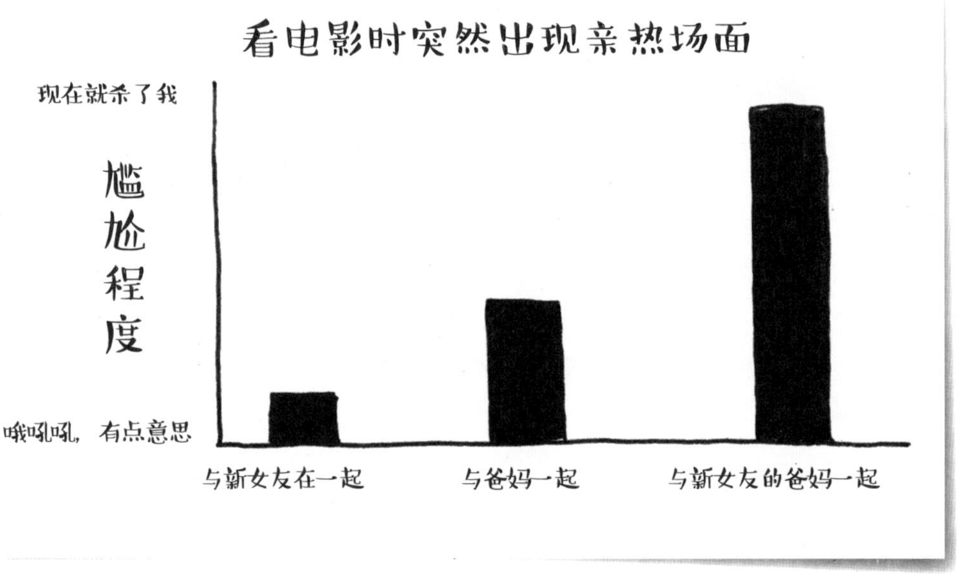

“那个，我去泡点茶——有人要喝茶吗？没有？好的，那我去泡点茶。”

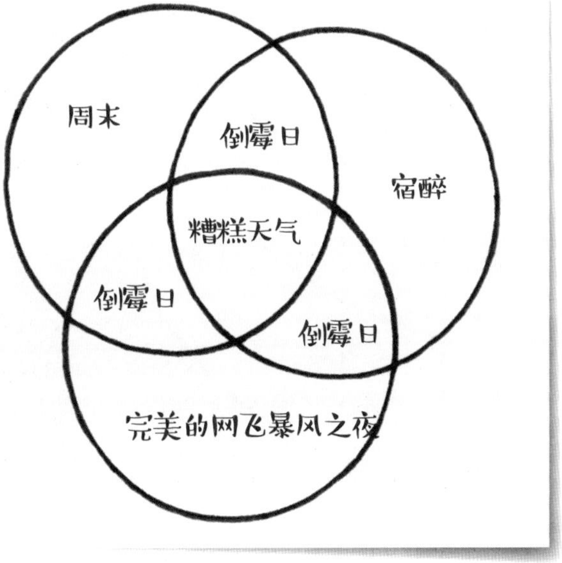

有时候“负负负”也能得正。

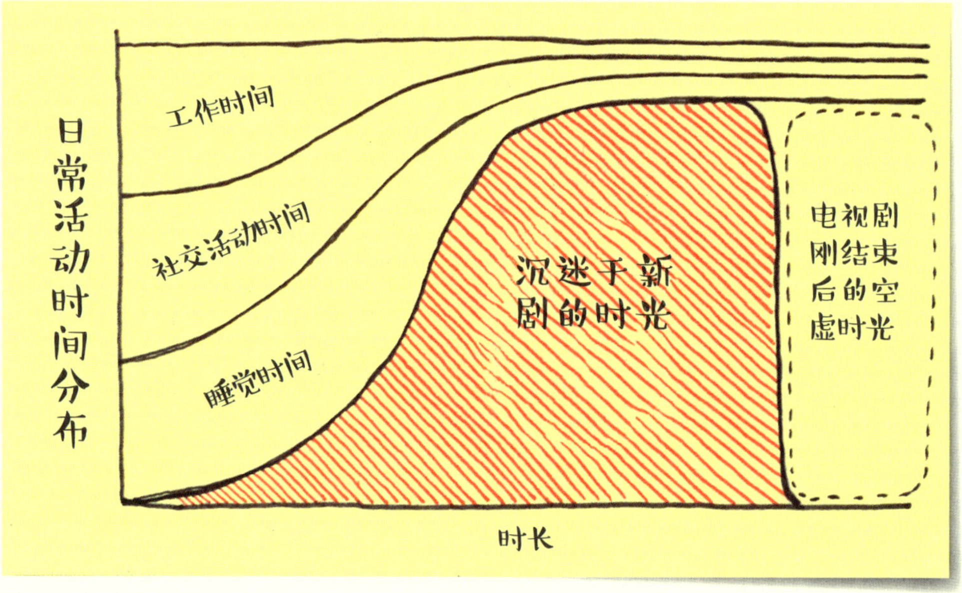

当然，你可以用法语课、陶艺课，或者搞一个 MBA 学位或博士学位来填补《纸牌屋》完结之后的空虚；或者你可以开始在网飞那些没什么人点击的神秘区域（uncharted backwaters）里来回翻找，妄图找到点能看的或者不是完全不能看的东西，就像一个无可救药的煲剧废物一样（对，你本来就是）。

*uncharted backwaters：这个梗来自英国家喻户晓的科幻小说《银河系漫游指南》开篇。

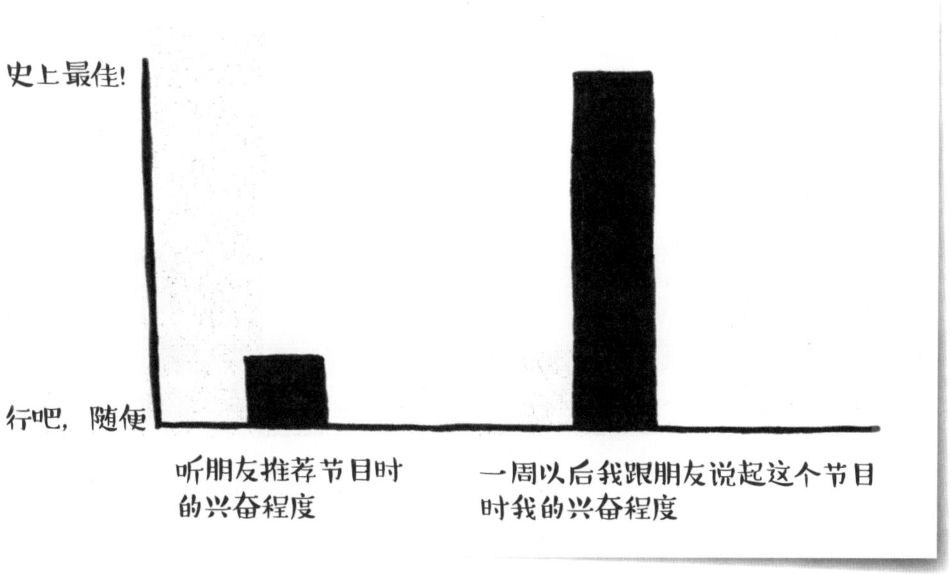

“这剧有点像《火线》，但是非常的莎士比亚化，剧情推进又像《绝命毒师》，靠主要成长变化来推进故事，摄像美术媲美《纸牌屋》，画面很克制地使用了柔和的黄蓝基调，所有这些完美调和……哎？等等……你怎么走啦？！”

*《纸牌屋》的制作总监 Steve Arnold 曾经在采访中提及纸牌屋的美术以柔和的黄蓝基调为主，尽量不使用红色。

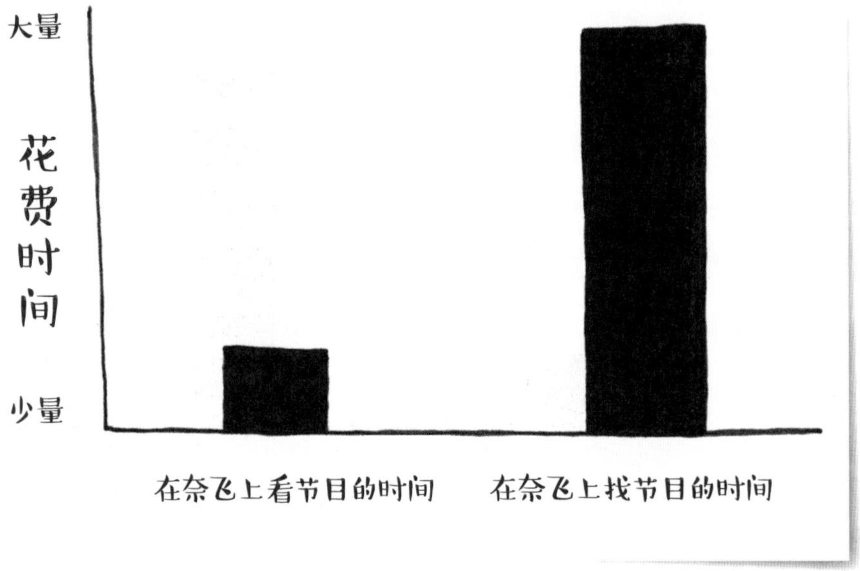

我记得在家庭录像带盛行的年代，正片开始前时总要播放两到三条预告片。那时候你就会想，“如果有一个录像带从头到尾放的都是预告片不也挺酷的吗？”那么各位，你所期待的未来终于到来了。如今你可以无脑地在 Netflix 上看上一整天的预告片——就跟你对待工作的态度差不多。未来真棒，不是吗?

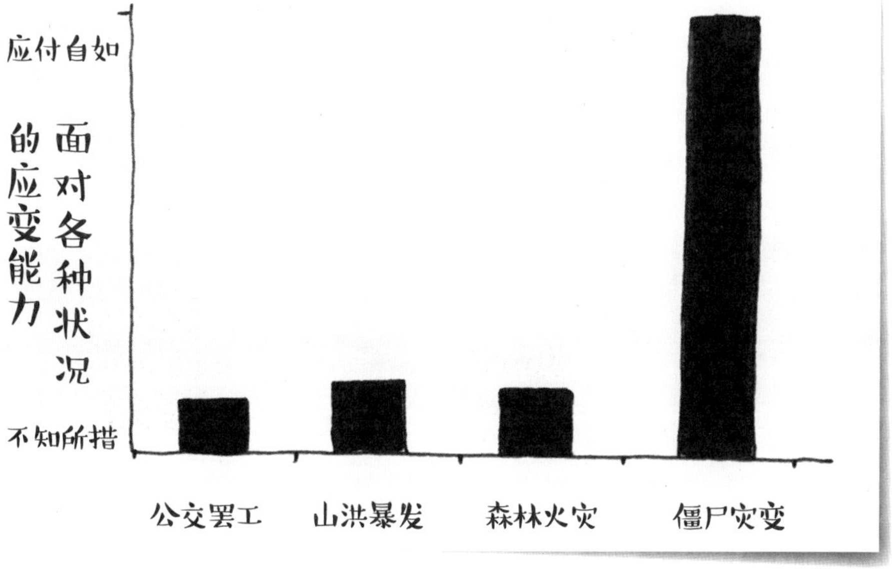

如果有关于公交罢工、山洪或者火灾主题的影视节目流行的话，现实生活中遇到类似情况，我就不会手足无措了。但事实上我感觉过去十年我都在研究某种极端不可能发生的状况，并且已经成为了专家——这跟我获得（几乎用不上的）大学学位也没太大区别。

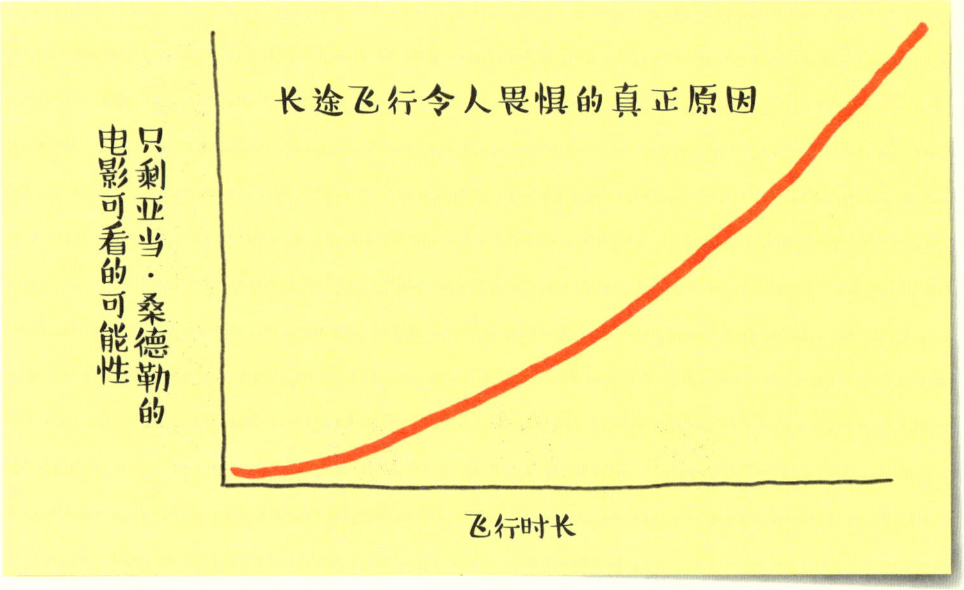

从澳大利亚飞往英国的旅途中，通常我的大脑会在第 19 至 20 个小时之间达到枯竭临界点，此时它唯一能接受的就是看亚当 · 桑德勒在其 20 世纪 90 年代电影里那些呆瓜行为。谢谢了，亚当。

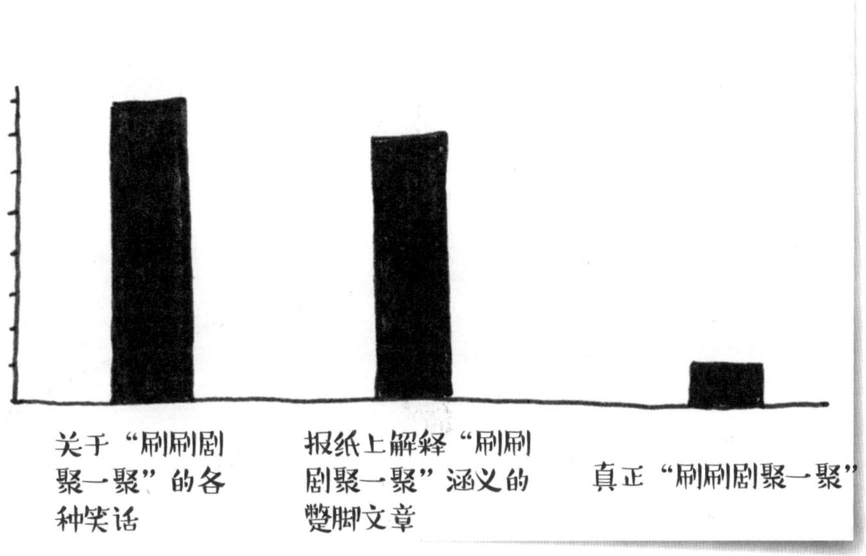

有一天我们会向我们的孙辈解释“刷刷剧聚一聚”（Netflix and Chill）的意思，但是这种解释只会让他们更认为 21 世纪 10 年代是个奇奇怪怪的时代。或者他们会认为祖父母又在编造关于过去的古怪故事，就好像他们总想让你相信那时候的人会拍了自己的脸上传到某个叫 Ins 照片墙的地方只为了获得一种虚构的毫无价值的货币“赞”，而且不知道这样做的意义是什么。

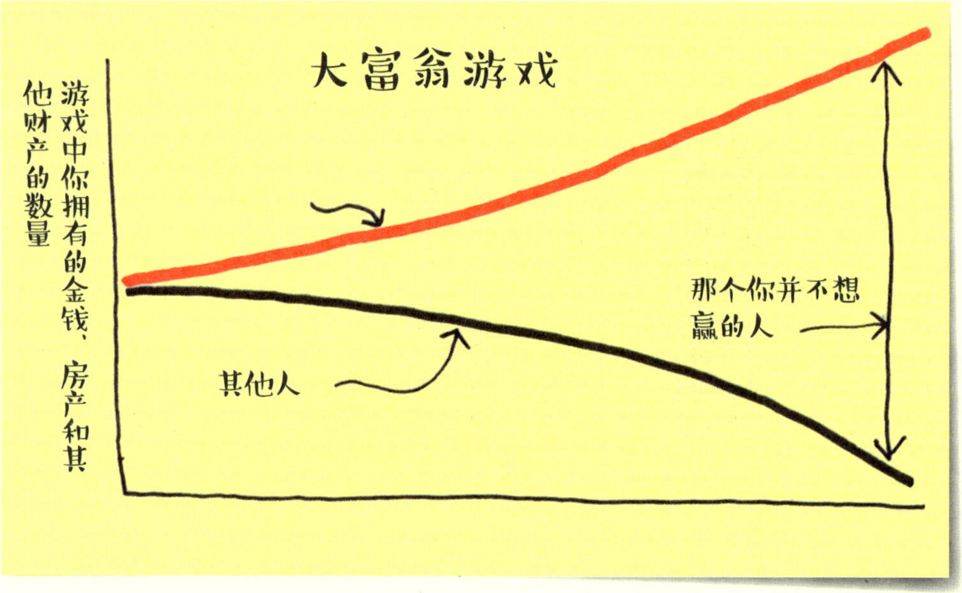

“大富翁”应该更接近现实一点。比如说如果游戏一开始你买了老肯特路（Old Kent Rd），那么几步之后，这条廉价街道将变成时髦的咖啡馆和有机食品店聚集之所，并且地价是顶级富豪区 Mayfair 的两倍。开始住在这里的艺术家们就会被高昂的房租排挤出来，移居到某个由于预算削减而不得不关闭、变成艺术家聚集区的地铁站里去。

* Mayfair 是“大富翁”里最昂贵的地段；现实生活里这也是伦敦黄金地段，是高档购物街。

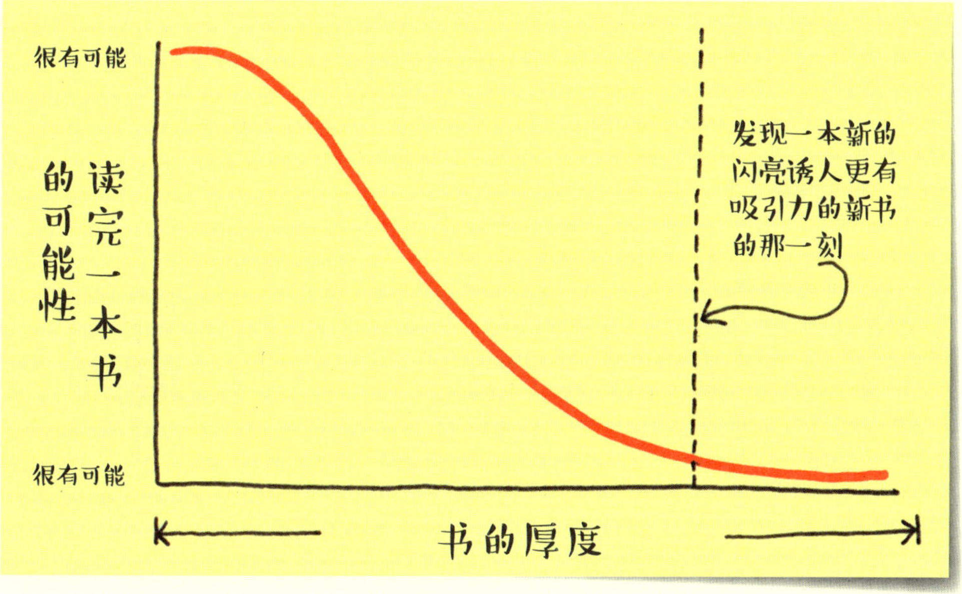

没事，我也没指望你能读完这本书。

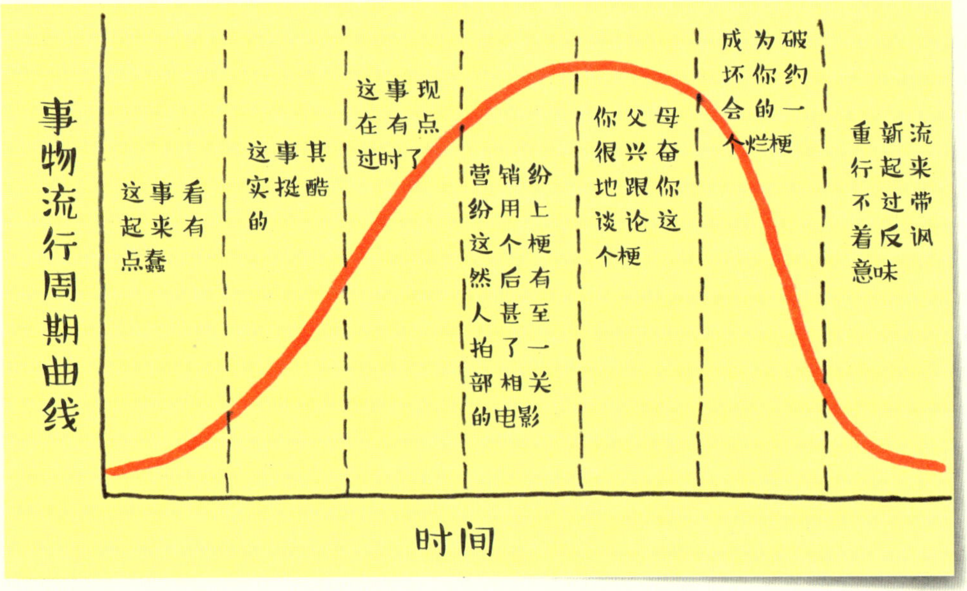

当你看到市场行销公司开始刷起这个曲线，你就知道是怎么回事了。

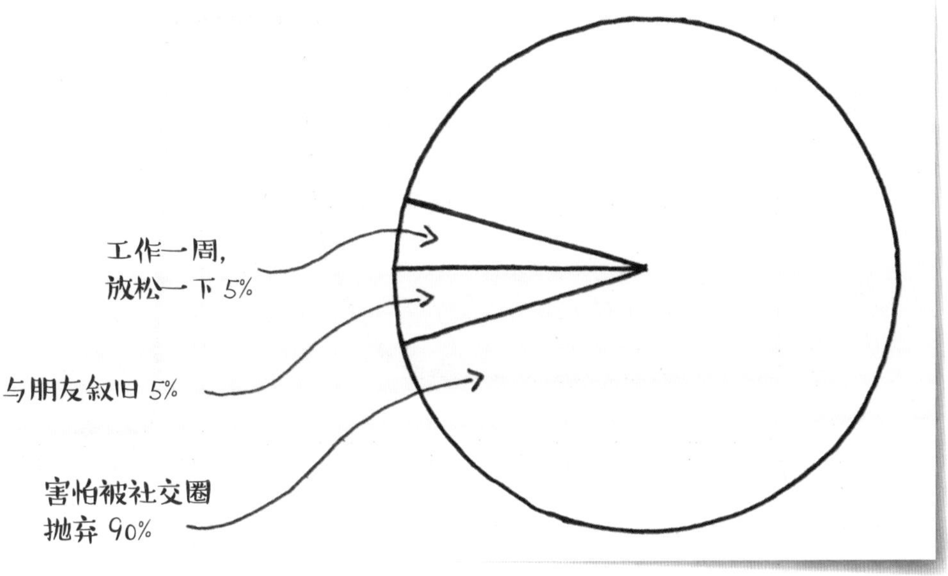

“不了，我今晚想待在家里……还有谁去啊？……啊，都去啊？……天哪……行吧，半小时后见。”

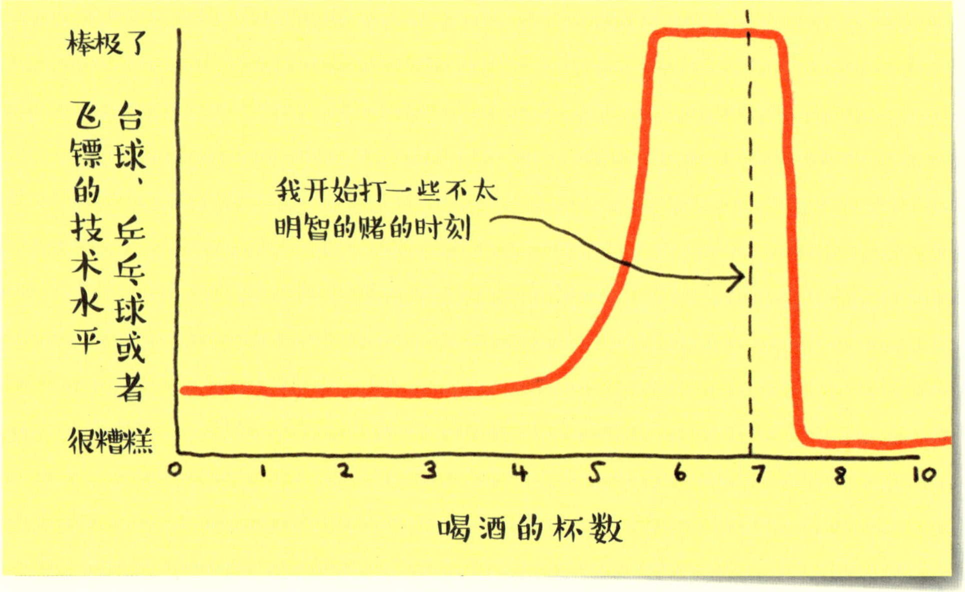

我希望这个技术水平曲线同样适用于我的正式工作。

“查兹，我们需要你开始这个棘手的新项目。”

“不用担心，只要我喝完第四瓶我就准备好接手这项目了。”

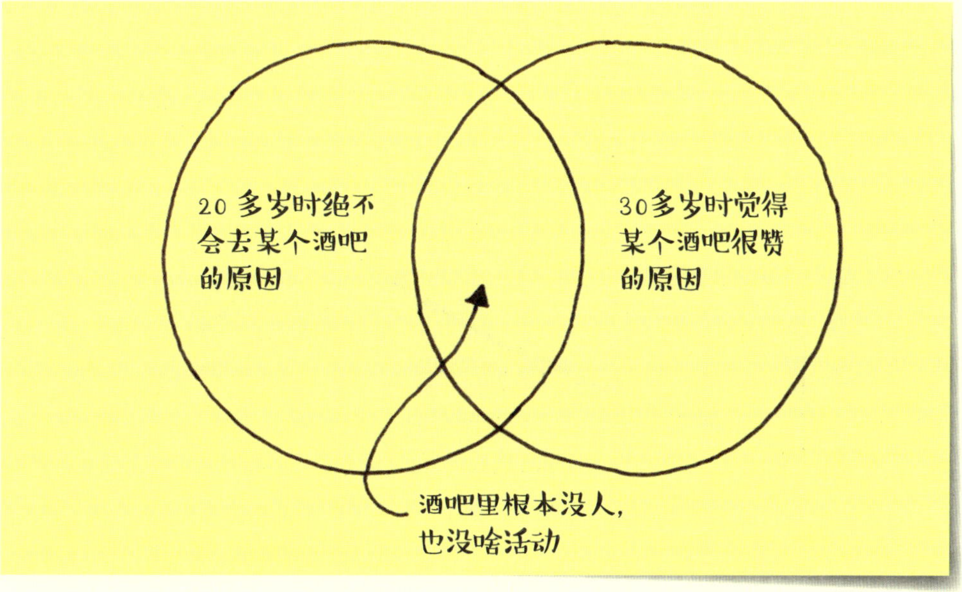

20 多岁时：兄弟，算了吧，这没人啊。

30 多岁时：兄弟，快来！这没人啊！

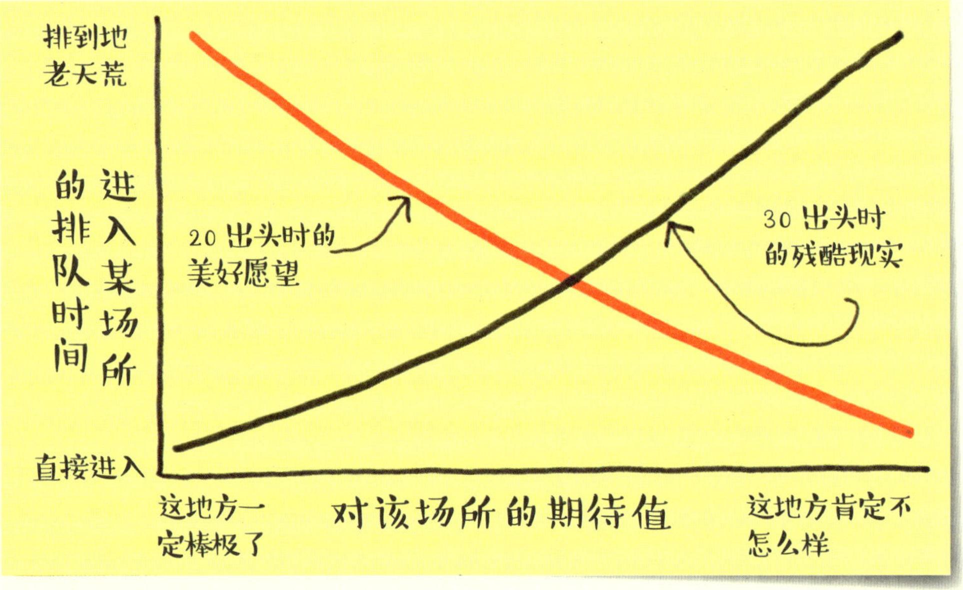

想想看，酒吧门前由门卫严控的排队长龙其实是为了制造出“大门后是一个超级棒的地方”的幻觉，而站在队伍中的你只是这个大型街头装置艺术作品的一部分。所以往坏了说你只是一个无知无觉的广告工具人；但往好里想的话，你是一位艺术家。

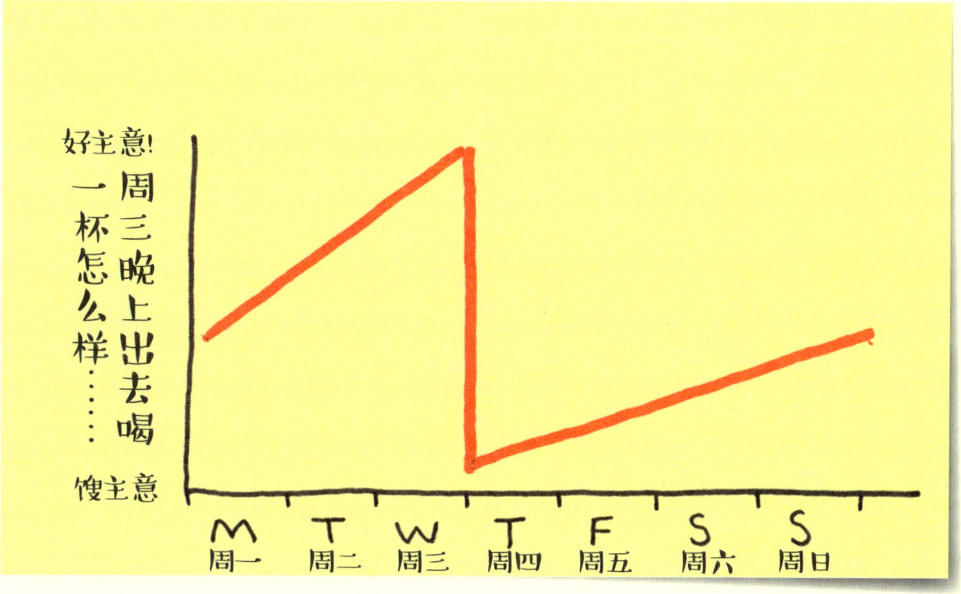

下午 5:30：“我们就喝个一两杯吧，不会很过分。毕竟明天我们有个超级重要的会议。”

凌晨 2:00：“明天我们没啥要紧的事对吧？我记不太清了，不过应该没啥事。来，我们把这几杯干了……”

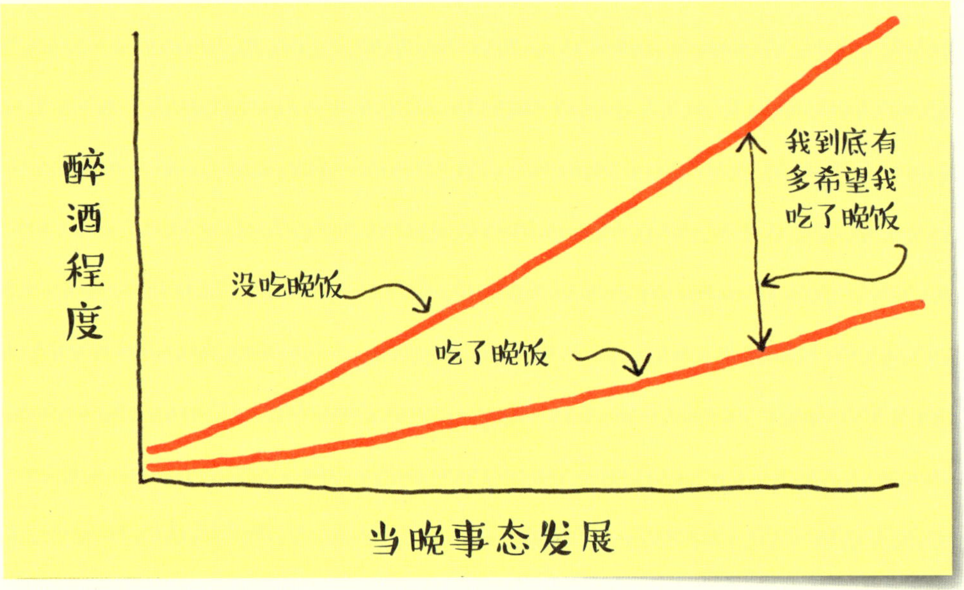

做出正确选择的时间窗口是很短暂的，正如通常只需要 2 杯半下肚我就能让自己相信一小包薯片和一瓶健力士黑啤跟一顿正餐也差不了多少。

* Guinness: 著名啤酒品牌健力士，爱尔兰的标志之一，也是吉尼斯世界纪录的发源地。

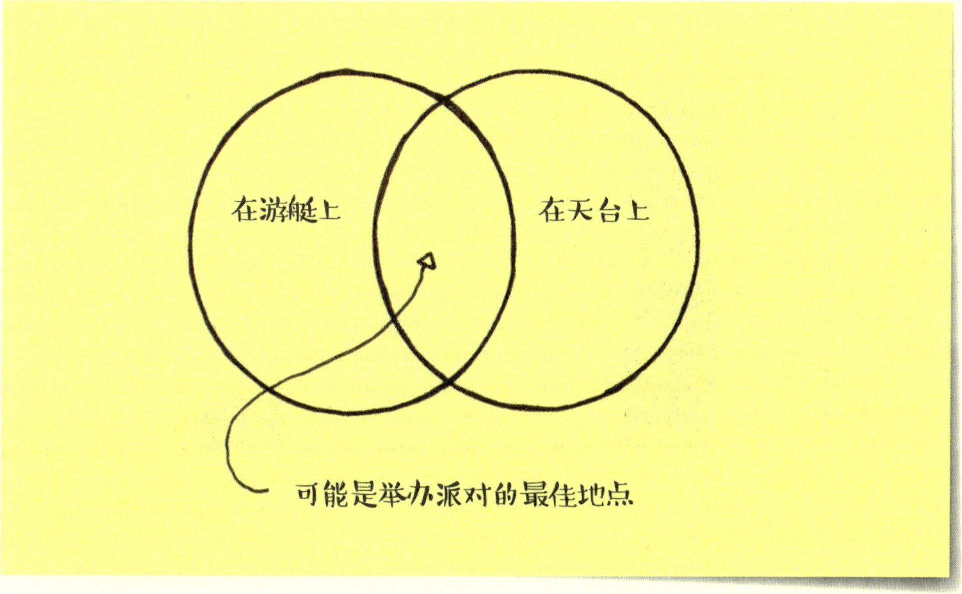

为什么说“游艇的天台是举办派对的最佳地点”？因为既有可能摔死也有可能淹死（是的，这种可能性是存在的），再没有什么比真的有可能“嗨到死”更能将一个派对推向高潮了，对吧？

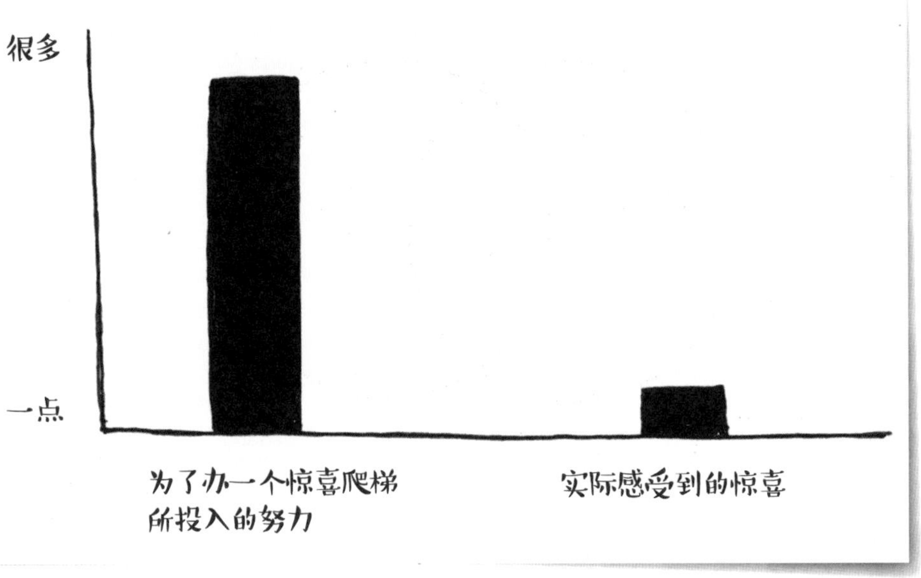

有那么一刻，稍纵即逝，美丽无比。其实也就是甜美的几秒钟，从所有人一起喊“Surprise”话音刚落开始，到那个被制造惊喜的人明显演出“惊喜”为止。就在这甜美数秒的短暂沉默里，每个人都感到所有这些创意和努力，以及那些偷偷摸摸仿佛在搞什么阴谋的筹谋计划是多么的不值得。

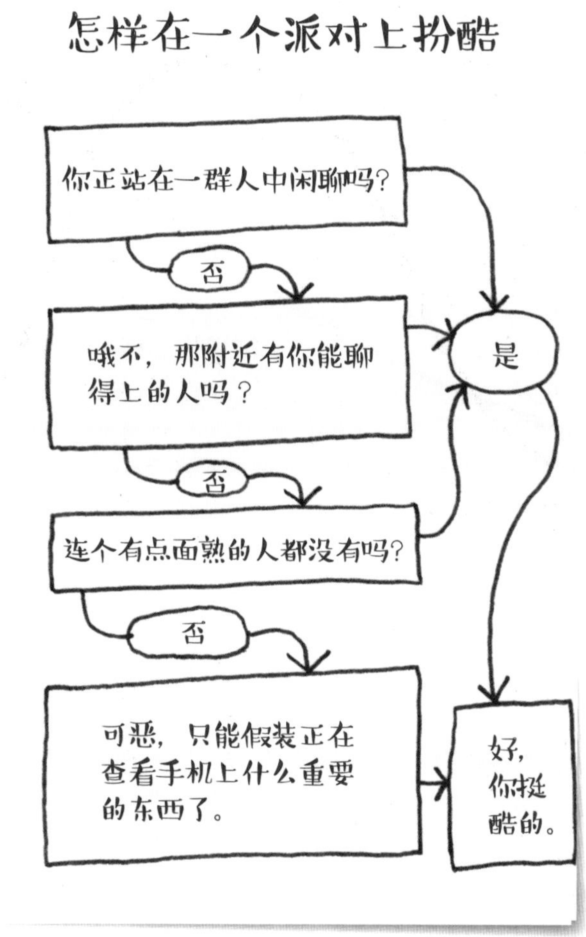
怎样在一个派对上扮酷
你正站在一群人中闲聊吗？
否
哦不，那附近有你能聊得上的人吗？
否
连个有点面熟的人都没有吗？
否
可恶，只能假装正在查看手机上什么重要的东西了。
是
好，你挺酷的。

一旦你假装看手机的时间超过了你收完邮件和短信、翻看完脸书、推特、Ins照片墙和Tinder，以及查完昨天晚上优步车费所花费的时间，那就是你该离开派对的时候了。

* Tinder是国外一款手机交友App。

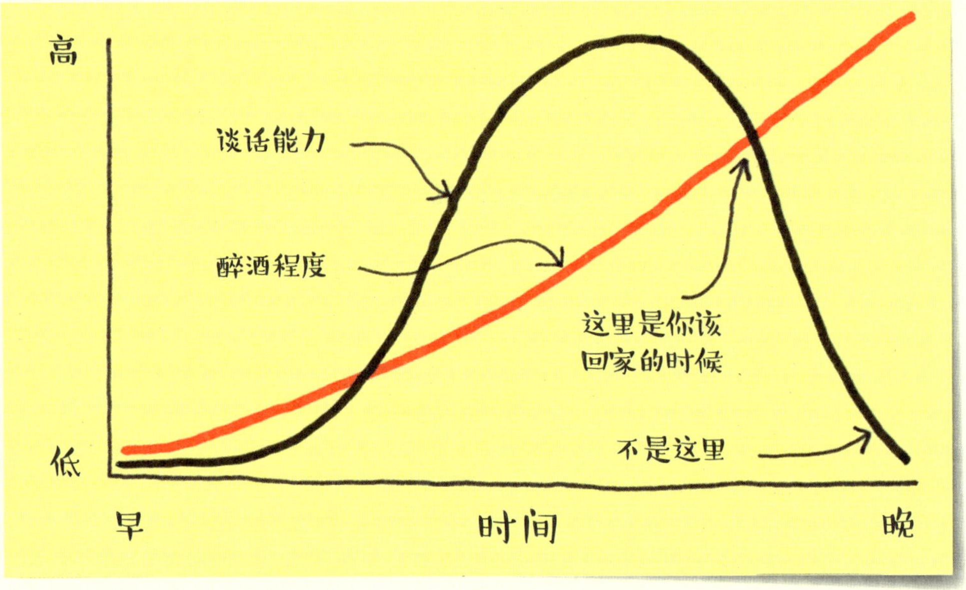

令人沮丧的是，这里还有一条我没有画出来的叫作“意识到什么时候应该回家的能力”的曲线，其走势是起点甚高但逐渐下降。谁能想到出去玩也能成为这么复杂的数学题呢？

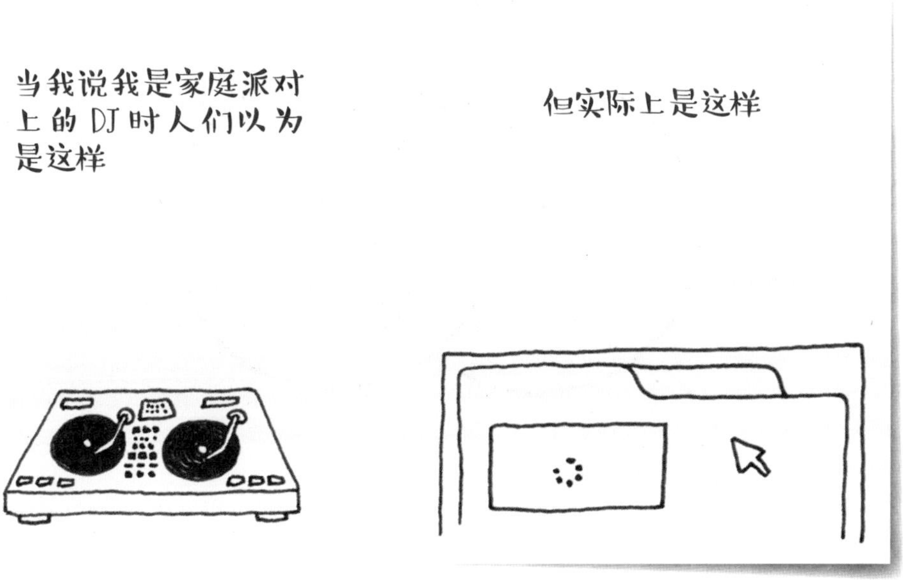
当我说我是家庭派对上的DJ时人们以为是这样
但实际上是这样

可以这样说，操作 6 个不同的油管视频窗口事实上是一种非常厉害的技能，完全被 DJ 们低估了。你一方面要掐好前一个视频结束的时间，以便在其自动播放“迈克尔 · 杰克逊大热金曲”歌单里剩下的歌曲前调低音量；同时还得确保下一个视频在播放其前面附带的广告时音量调低。另一方面还得控制前期流量使用情况以免在 *Like A Prayer* 破空而出之前全场陷入尴尬的视频缓冲期，那样的话你将成为派对上最令人讨厌的人。

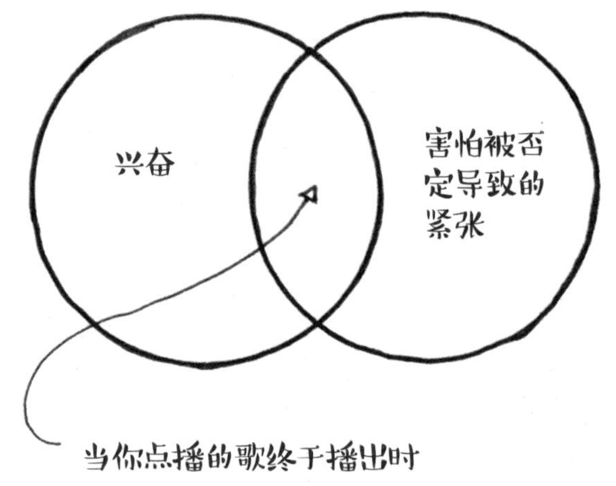

“你愿意的话可以换歌，我不介意的。我真的什么都无所谓的……啊？你喜欢这个吗？对！这歌我选的，我特别喜欢……哈哈我同意，我是个好 DJ。”

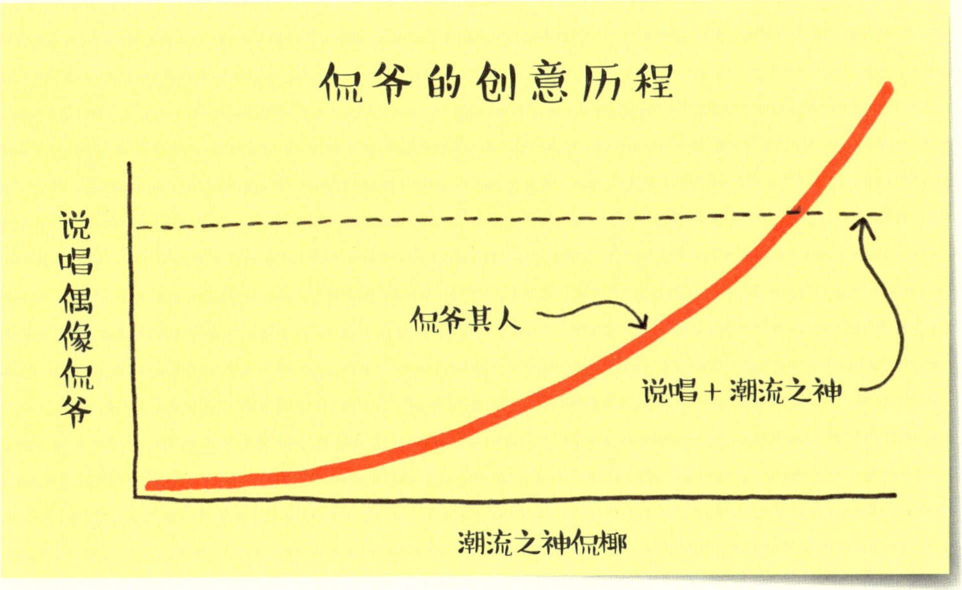

先有鸡还是先有蛋？先有说唱偶像侃爷还是先有潮流之神侃椰?

*Kanye：坎耶 · 维斯特（Kanye Omari West），美国知名说唱歌手和服装设计师，在时尚潮流界最成功的作品就是大名鼎鼎的椰子鞋（Air Yeezy）。

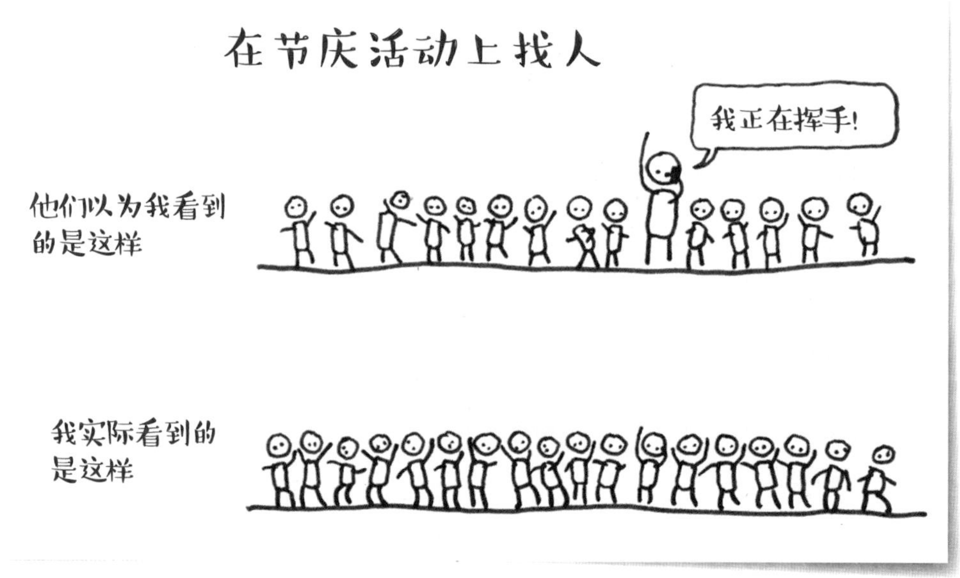
在节庆活动上找人
我正在挥手!
他们以为我看到的是这样
我实际看到的是这样

“我在戴帽子那个人旁边！……不是，不是那个帽子，是另一个戴帽子的……好吧，看见舞台右手边那个红色的帐篷了吗？……好吧，如果你在蓝色帐篷和那个戴帽子的人旁边的树之间画道线，那我们差不多是在垂直于那道线的1/3处……不不不，你说的是平行；垂直是指与这条线成直角……因为垂直是更准确的描述啊……好吧，我就待在这儿，等你碰巧经过这看到我们再说吧。”

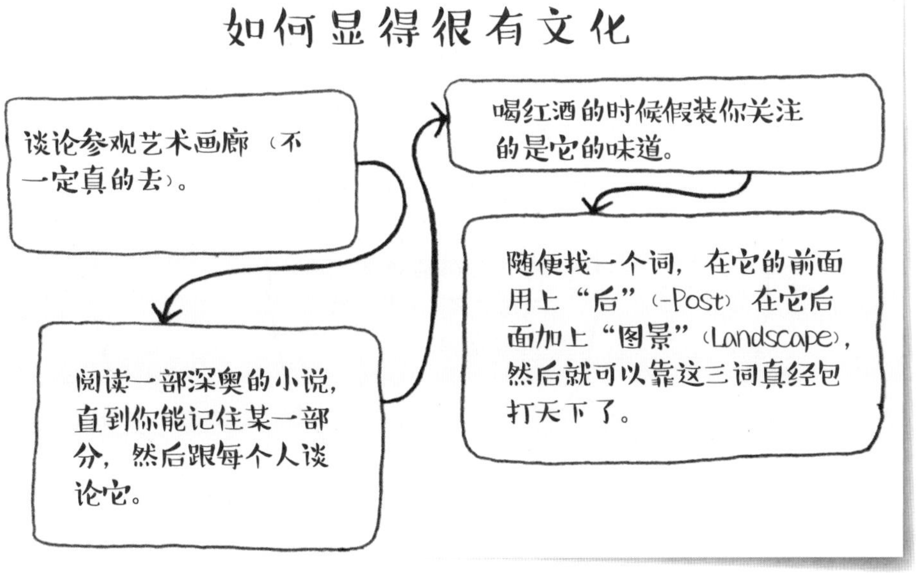
如何显得很有文化
谈论参观艺术画廊（不一定真的去）。
阅读一部深奥的小说，直到你能记住某一部分，然后跟每个人谈论它。
喝红酒的时候假装你关注的是它的味道。
随便找一个词，在它的前面用上“后”（-Post）在它后面加上“图景”（Landscape），然后就可以靠这三词真经包打天下了。

当研究某个与红酒或者展览开幕仪式密切相关的领域时，这一套出乎意料地管用，当然，特别是当这个领域根源于“后康德图景”的时候。

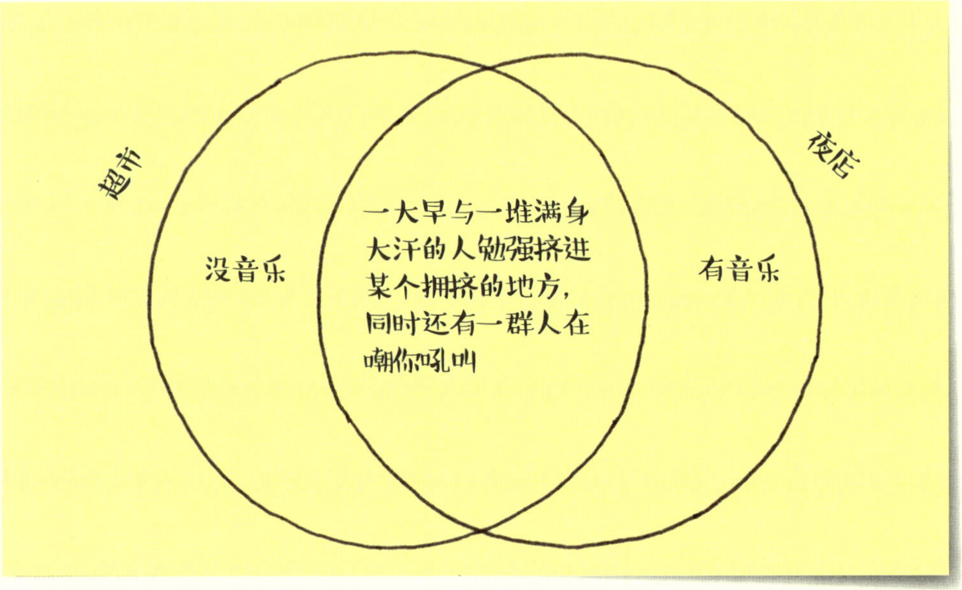

（除了图中的交集以外）别忘了还有“街上许多人都试图向你兜售看起来比较可疑的食物”，也许还有“每一样东西都比你预期的贵一些”，甚至还有“考虑到人群规模，厕所严重不够用”。二十多岁和三十多岁的差别真的只是所处的地方不同而已。

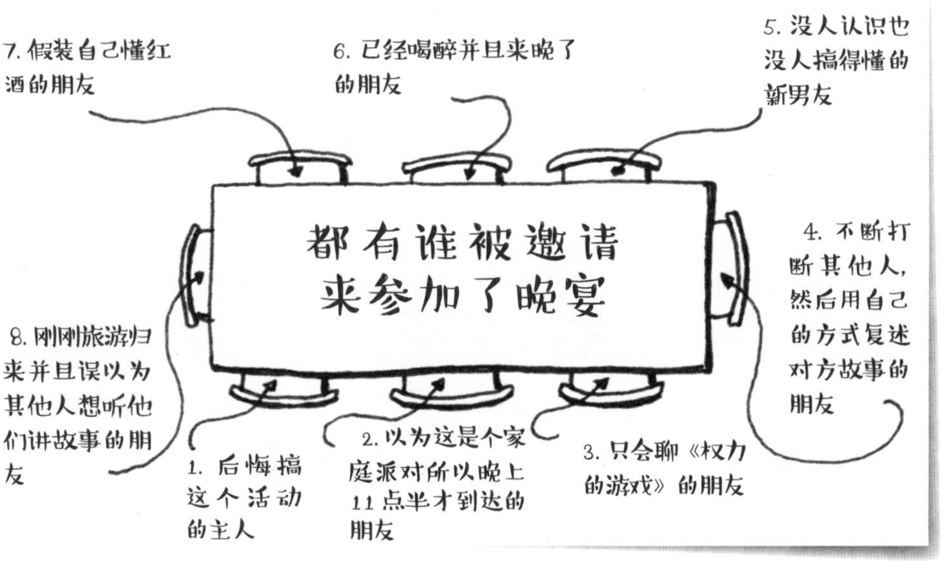

“不，你相信我，能洗碗我挺开心的。”

吃吃喝喝

还能吃吗？

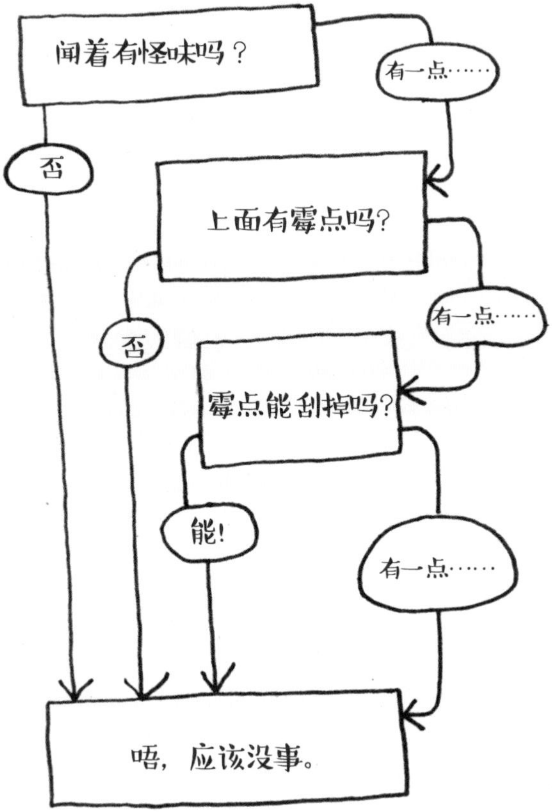
闻着有怪味吗？
有一点……
否
上面有霉点吗？
有一点……
否
霉点能刮掉吗？
能！
有一点……
唔，应该没事。

不，我也不知道我为什么还单着。

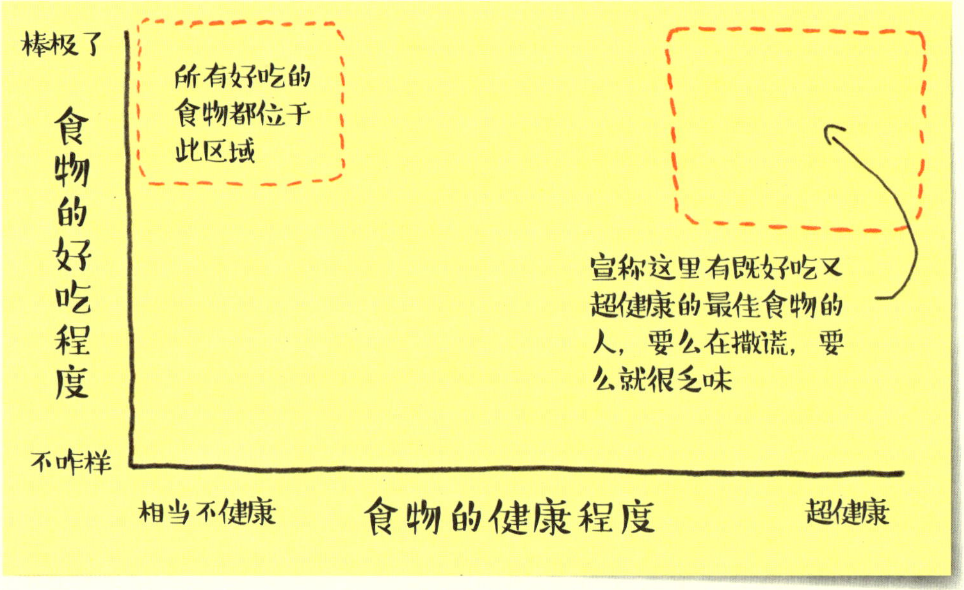

如果有上帝的话，比萨肯定是健康食品。也就是说，要么上帝不存在，要么这个上帝就是个超级大浑球。

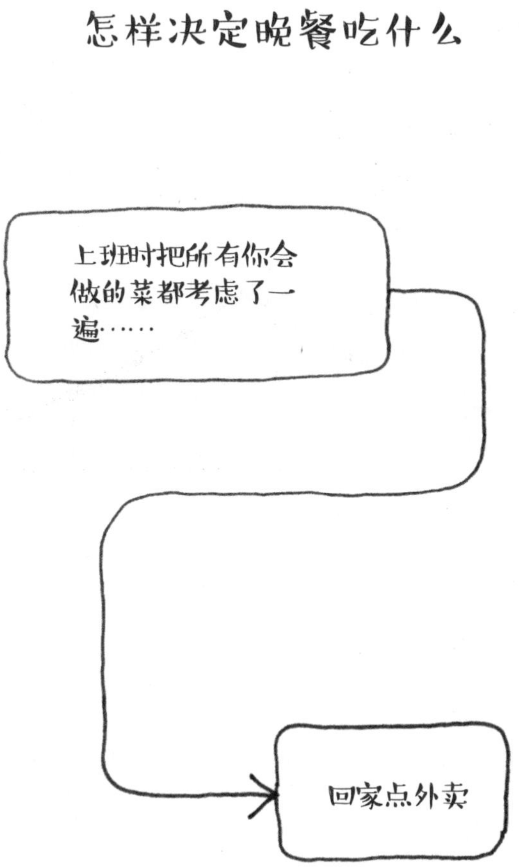
怎样决定晚餐吃什么
上班时把所有你会做的菜都考虑了一遍……
回家点外卖

当我能用比我自己做的任何一道菜的原料都便宜的价格买到地道的中国美味时，我怎么可能不吃外卖呢？在我看来，自己做饭在经济上是不负责任的。

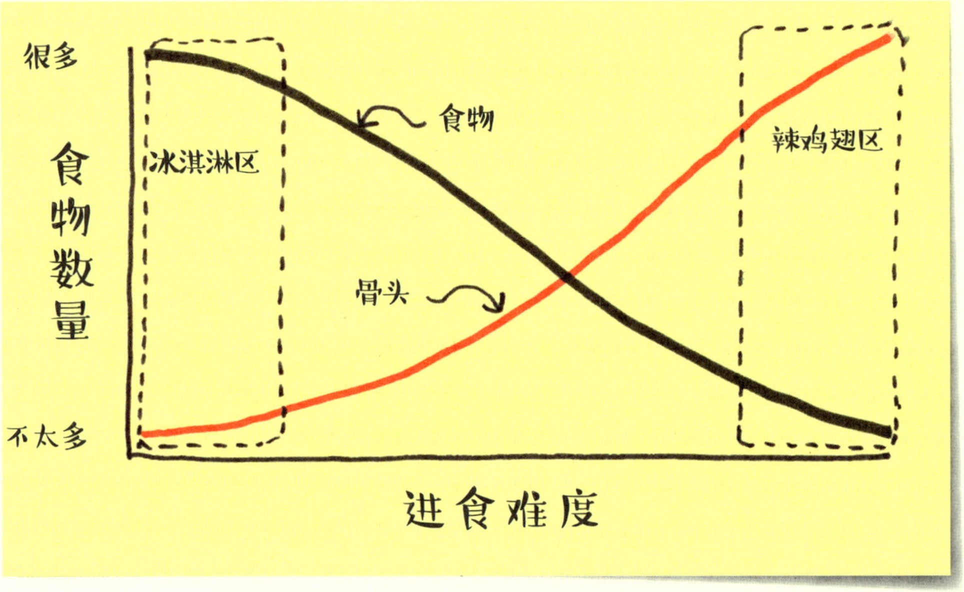

我常去的一个酒吧曾举行 60 分钟内吃掉 60 个鸡翅的大胃王挑战赛。很少有人挑战成功，50 分钟这个纪录保持了好几年。直到有一天来了一位神秘人士，把纪录缩短到 16 分钟。 在头 12 分钟里，他坐在那有条不紊地从鸡翅里取骨，直到骨头和肉分成两堆，然后他用惊人的 4 分钟迅猛地解决了那堆肉。他完全颠覆了上面的图表，整个壮观的场面至今仍然是我见过的最有创造力同时又是最恶心的。

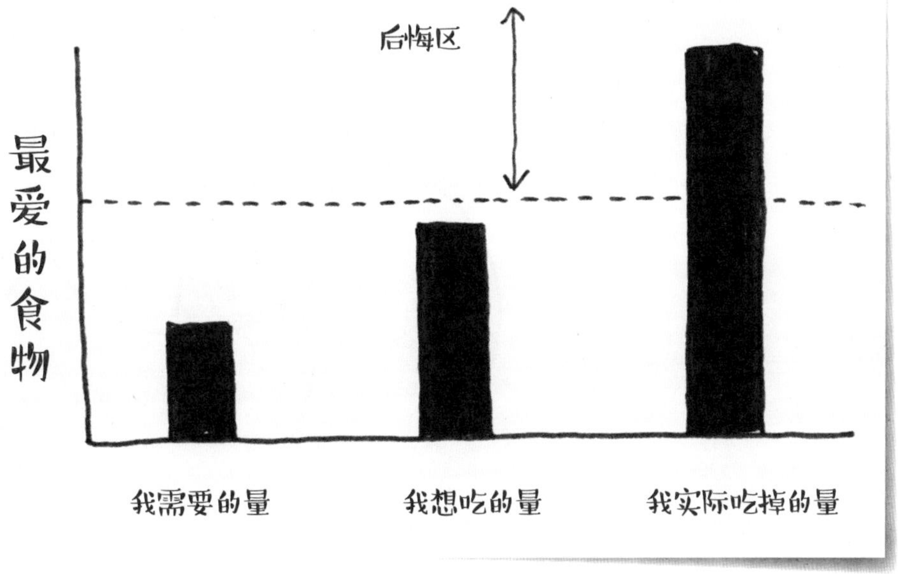

胃：“你真的不能再吃了。”
大脑：“是的，老弟，别吃了。”
朋友：“别再吃了，兄弟。”
医生：“我强烈建议你不要再吃了。”
联合国：“我们一致投票反对你再吃下去。”
我：（犹豫良久）“朋友们，我还想再吃点。”

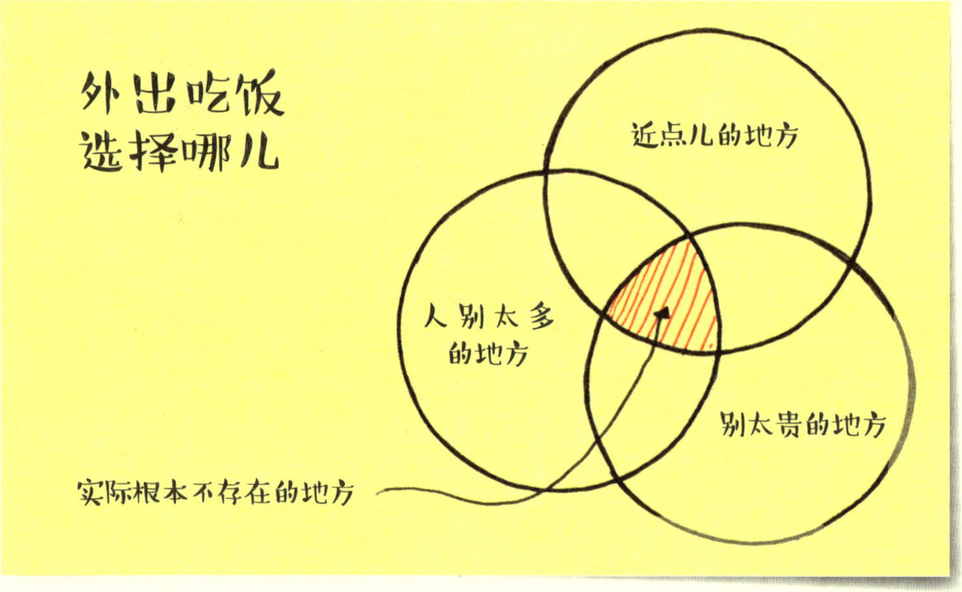

如果你找到一个价格合理味道不错的餐馆，我强烈建议你找一个离它尽可能近的房子搬进去。别在乎那儿可能已经住着人了。我相信只要你把上面的交集图解释给他们听，他们会理解的。

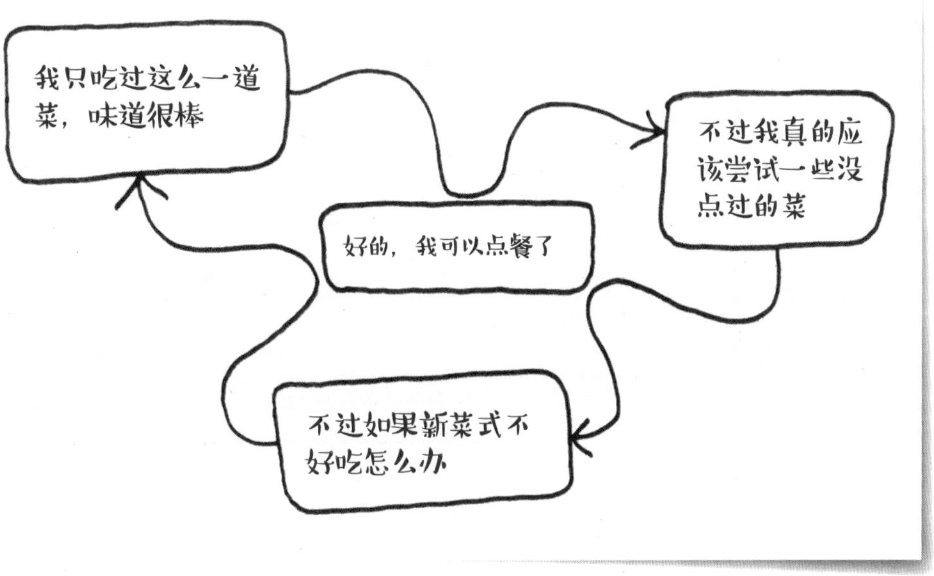
我只吃过这么一道菜，味道很棒
不过我真的应该尝试一些没点过的菜
好的，我可以点餐了
不过如果新菜式不好吃怎么办

人们常说要敢于冒险，不过这样说的人一定没有体会过一边吞咽着让人后悔不迭的饭菜，同时目光穿越整个餐馆钉在某一位正在享受你常吃的美食的仁兄身上时的感受。这个故事告诉我们：永远不要冒险尝试新事物，特别是涉及食物选择时。

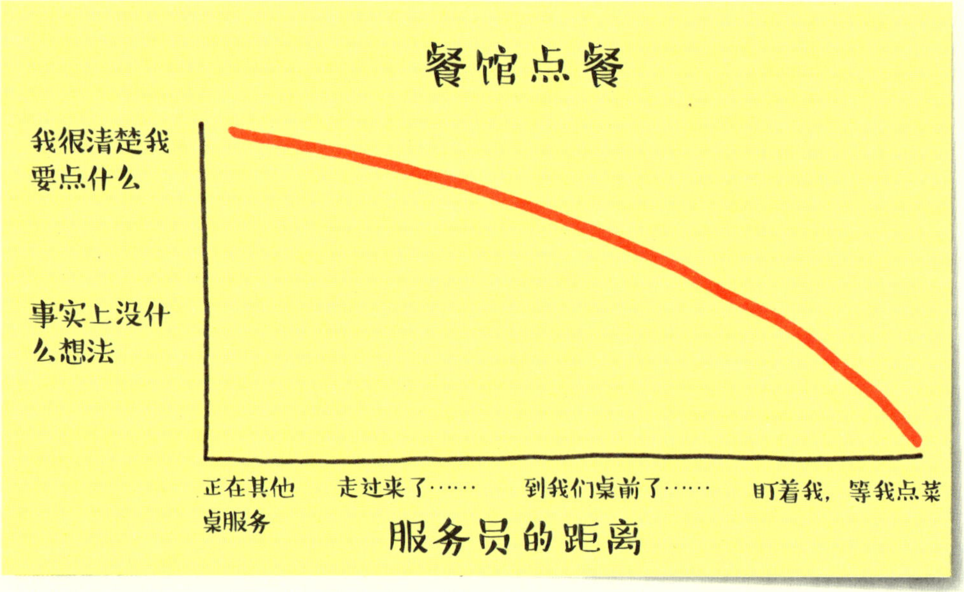

当你清楚自己一直以来想要什么的时候，就是你做决定的时刻，因为过了那一刻你就会开始怀疑自己，不对，这一切都不对，你以为你想要的那些根本不对，你必须从头再来一遍，而且你并不知道该干什么，但你很明白现在从头再来已经太晚了。

不，我在说的已经不是点餐的事了。而是真实的人生。

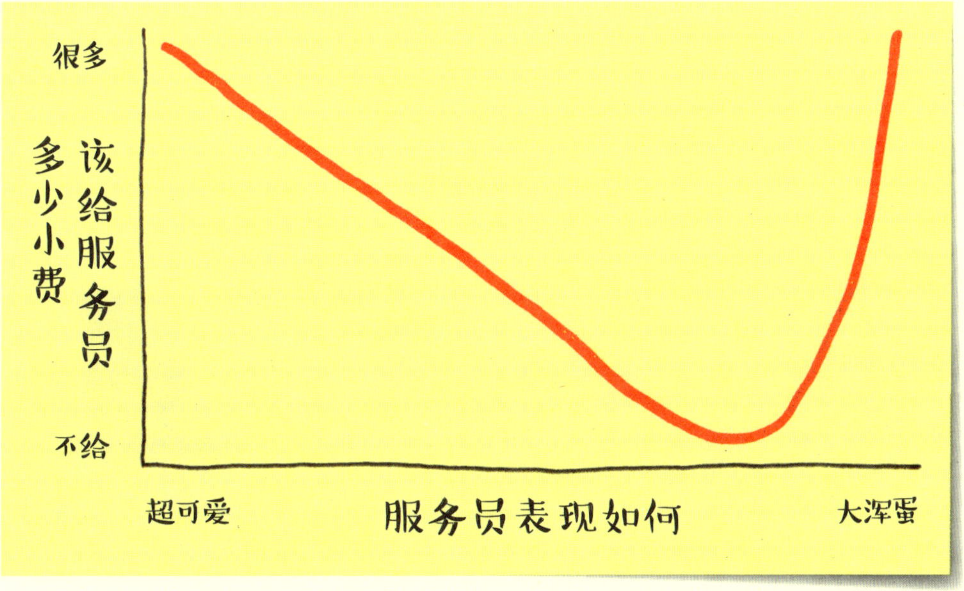

相信我，他们的爱买得到。

煮意面
好吧，这应该够一个人吃了…
Hi，伙伴们，你们想到我家来吃意大利面吗？

这事我永远都搞不对，但是我仍然十分怕冒煮得太少的风险。这是我应该注意的某种人生隐喻吗？

『天哪，你在开水里煮鸡蛋？不不不，最好的方法是在满月时用86°C、酸碱值为中性的水来煮鸡蛋，这样才能确保安全。我意思是，我本来以为人人都知道这个呢。』

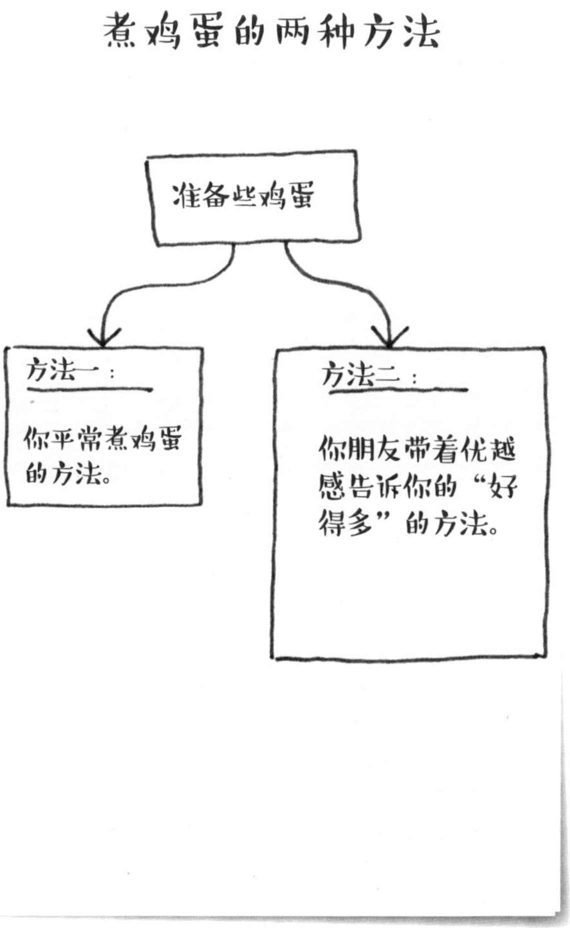
煮鸡蛋的两种方法
准备些鸡蛋
方法一：
你平常煮鸡蛋的方法。
方法二：
你朋友带着优越感告诉你的“好得多”的方法。

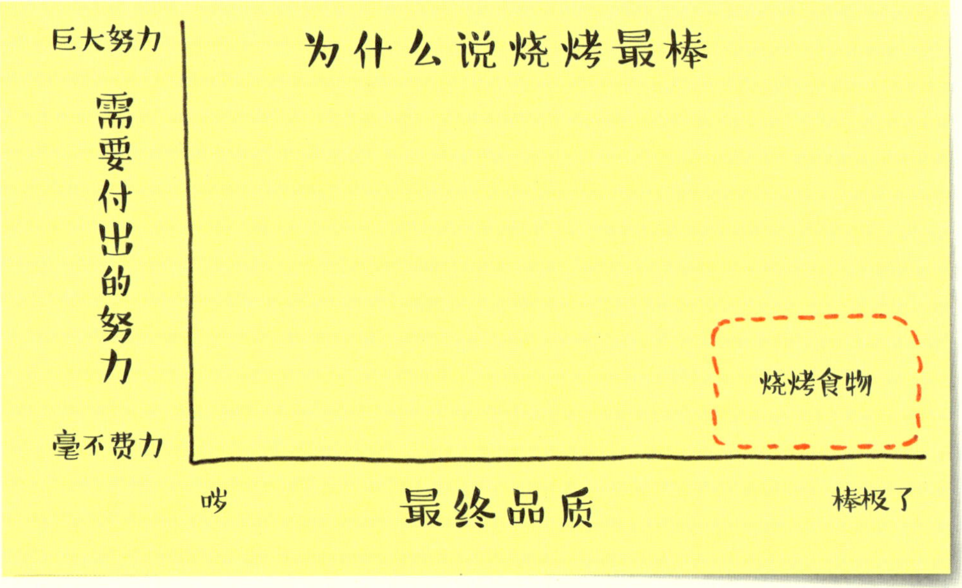

我爸妈常做的周日烧烤大餐给我留下深刻印象。但是根据我作为成年人的经验，我有理由相信他们有可能只是有点宿醉，而烧烤是最不费力也无须投入什么的食物，同时对于宿醉来说也是最好的治疗。所有这一切都藏在“健康家庭活动”的幌子之下。

干得漂亮，爸妈，太精彩了。

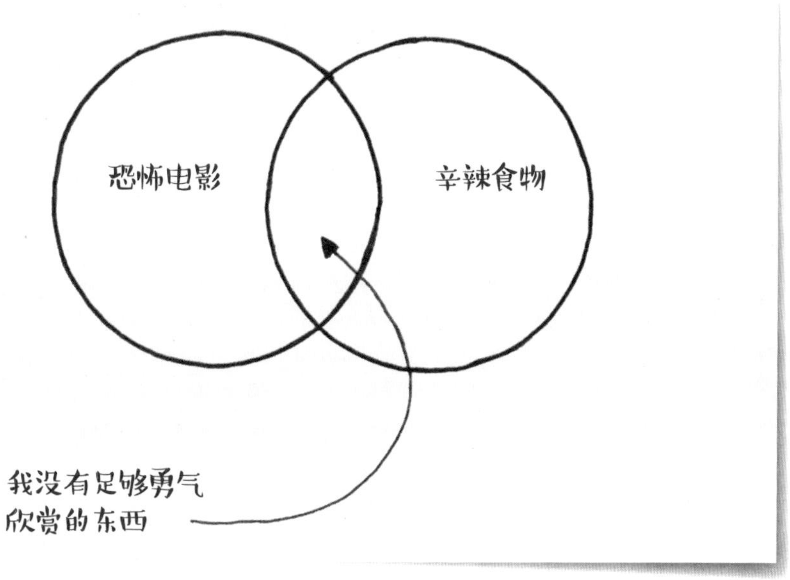

拳击也是一种艺术。但我不是特别享受被人在脸上反复痛打的感觉，所以通常我会避开这个运动。对于恐怖电影和辛辣食物我持同样态度，所以我也会尽力避开这两样事情。但是，当你向恐怖电影和辛辣食物爱好者解释这一点时，他们看起来就好像你说的是你讨厌小狗或者酷玩乐队。这是我承受不起的，所以当被迫观看恐怖电影或者品尝辛辣食物时，我就假装我很喜欢，仿佛系好安全带等着承受迎面而来的虚拟铁拳一样。

如果超人真的存在

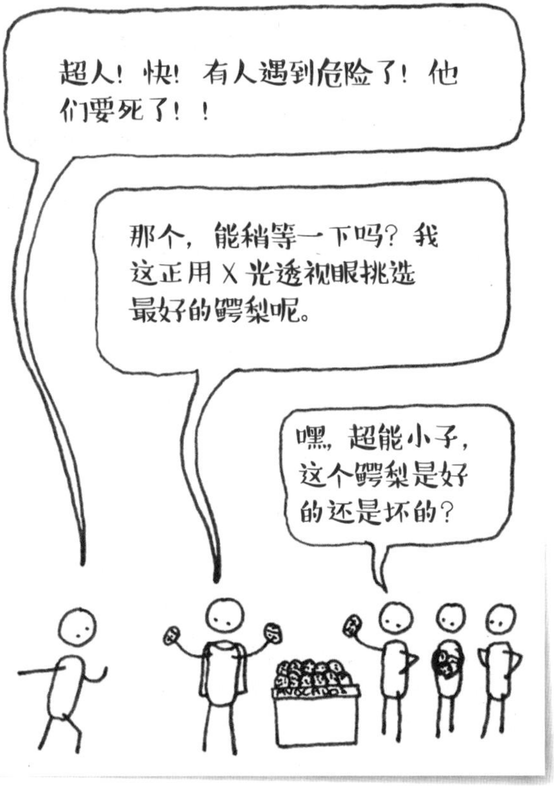
超人！快！有人遇到危险了！他们要死了！！
那个，能稍等一下吗？我这正用X光透视眼挑选最好的鳄梨呢。
嘿，超能小子，这个鳄梨是好的还是坏的？

实话实说，克拉克·肯特根本当不起超人。如果回到20世纪50年代新闻行业还能赚钱的时候他也许可以，但现在他累得要死，不会有时间去打击犯罪，而且坦白说他的薪水也负担不起超级英雄的基本开销，比如修理战服、发胶以及日常健身房训练。这也就是为什么在我写的下一部《超人》电影新剧本里，他在全食有机连锁超市工作，是一名『鳄梨通』。

*全食：知名有机连锁超市

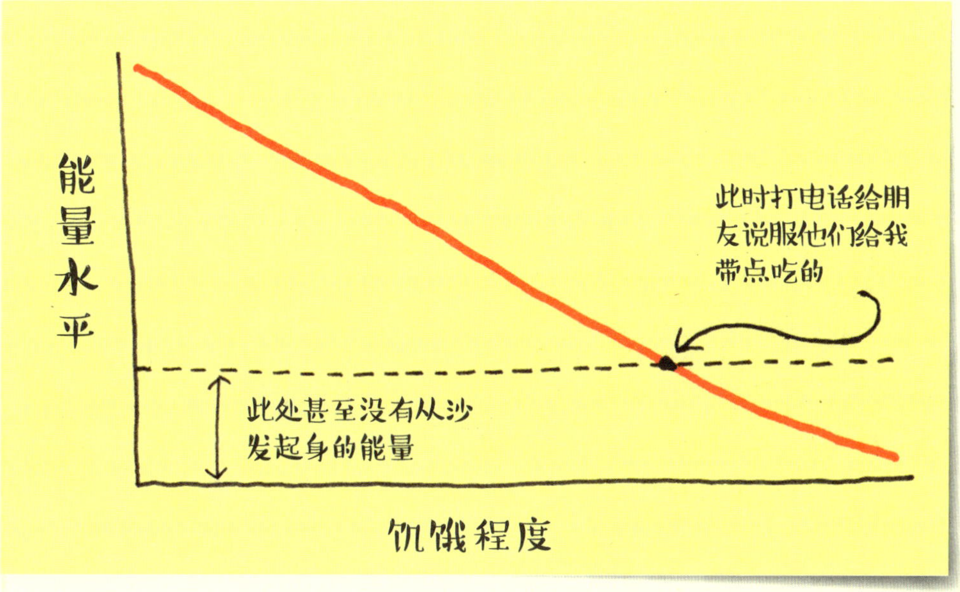

有时候我会想如果我在荒野迷路不得不努力求生的话会如何，类似贝爷那样。我愿意相信我应该没事，但是我常常是躺沙发上，甚至没有动力在屋子里找点吃的时候，不断想起这个假设的场景，然后我意识到，不，如果迷失在荒野的话对我可能不会很好，这也就是我绝不离开城市或者在公园里走得太远的原因。

* 贝爷：Bear Grylls, 知名探险家，著名求生类真人秀节目《荒野求生》主持人。

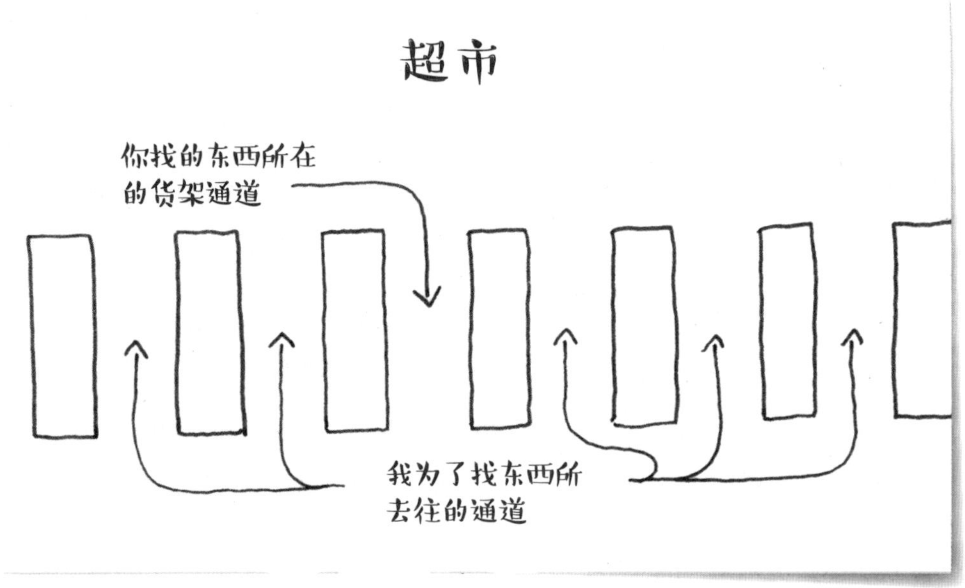

14 岁时我曾在一家超市打工。那不是一个大的连锁超市，而是那种老式的，所谓“独立超市”，这既意味着它超级真诚特别棒，也意味着它早已不在。我的工作是整理货架，工资高达 6 美元一小时。跟我一起工作的男孩总是用一把美工刀划开每一个箱子，直到有一次他划开一个 Pine O Cleen 的箱子，割开了箱内 6 瓶强力清洁剂中的 3 瓶。接下来的 4 星期里，一股浓厚如高墙般令人作呕的松木气味成功地把 3 号通道变成了属于我们的小切尔诺贝利。有时，当我漫步在早已取而代之的没得灵魂的大型连锁超市里时，仍然能捕捉到那一丝带着松木香气的惆怅。

* Pine O Cleen，知名清洁剂品牌。

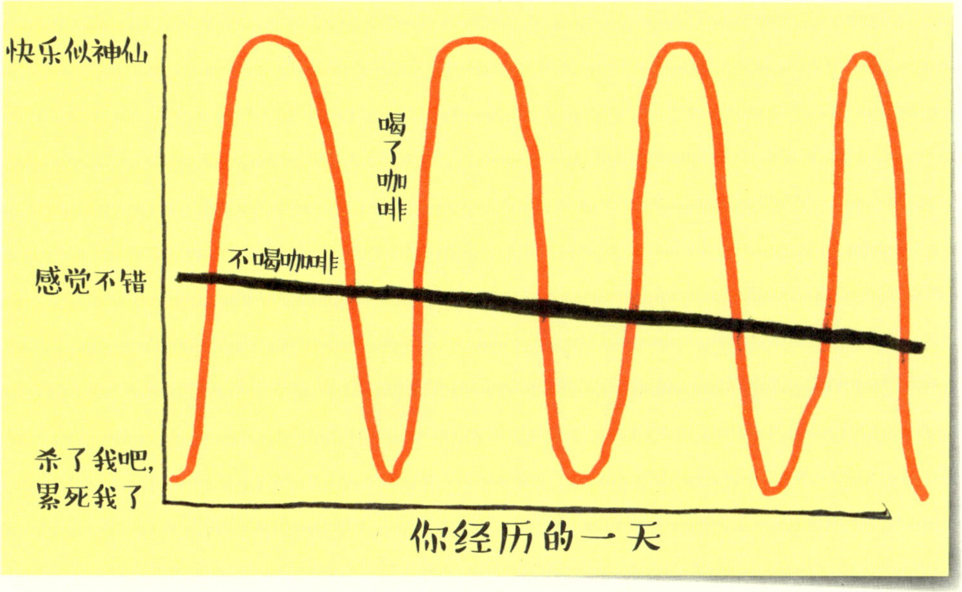

人会告诉你，一杯绿色果汁能提供更好更稳定的能量，也不会让你跑厕所跑得肾都要被翻出来了。但是，同样是这些人还会告诉你，在游乐园坐转转杯跟坐过山车一样刺激。

这本书能问世的唯一原因应归功于严格遵循了这个流程图所示的逻辑。

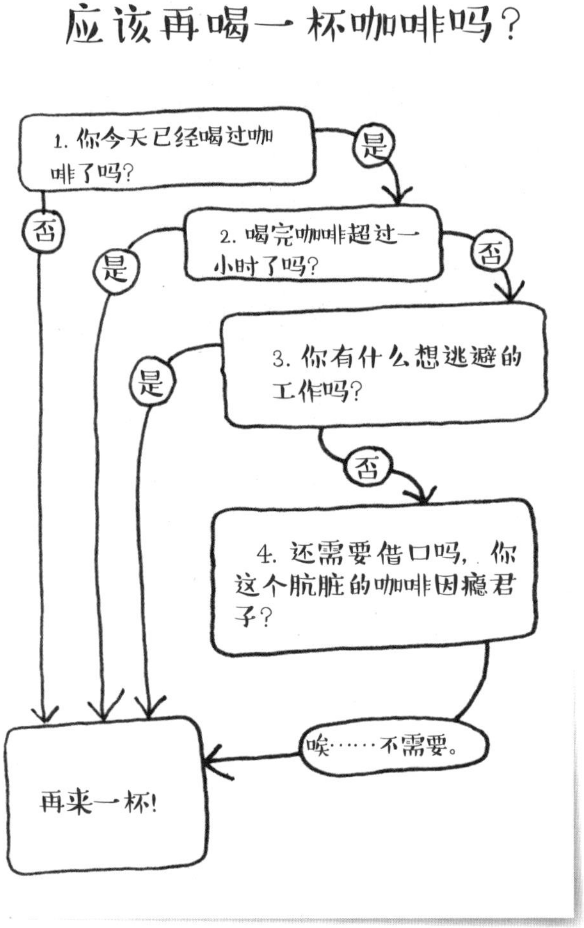
应该再喝一杯咖啡吗？
1. 你今天已经喝过咖啡了吗？
是
否
2. 喝完咖啡超过一小时了吗？
是
否
3. 你有什么想逃避的工作吗？
是
否
4. 还需要借口吗，你这个肮脏的咖啡因瘾君子？
唉……不需要。
再来一杯！

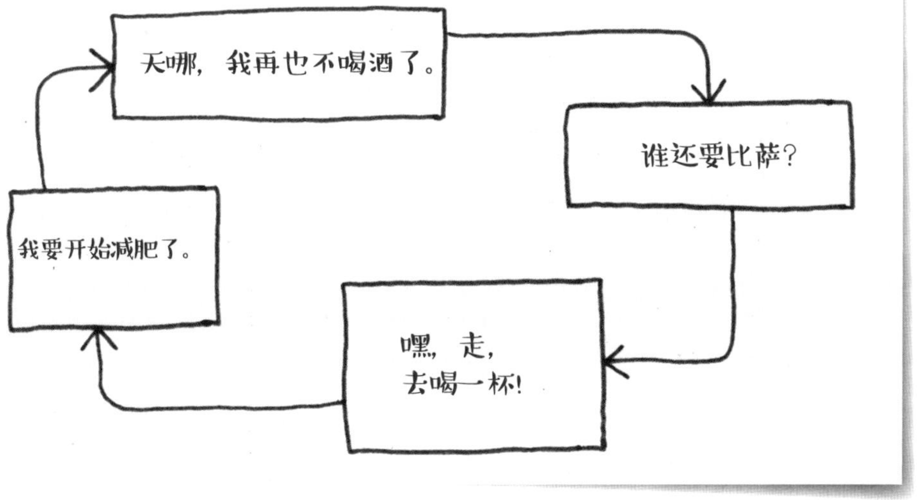
天哪，我再也不喝酒了。
谁还要比萨？
嘿，走，
去喝一杯！
我要开始减肥了。

“上周末以后我决定这周末清心寡欲。不过我想如果只搞其中一项的话也不会伤害什么，对吧？”

我倒希望像个品酒专家那样告诉你为什么普西哥气泡酒比香槟高级得多，但我不是，所以我选择气泡酒的唯一真实原因是它价格只是香槟的一半而且瓶子看起来更酷一点。

*普西哥：白葡萄酿制的意大利起泡酒，价格亲民，容易入口，是香槟的平价替代品。

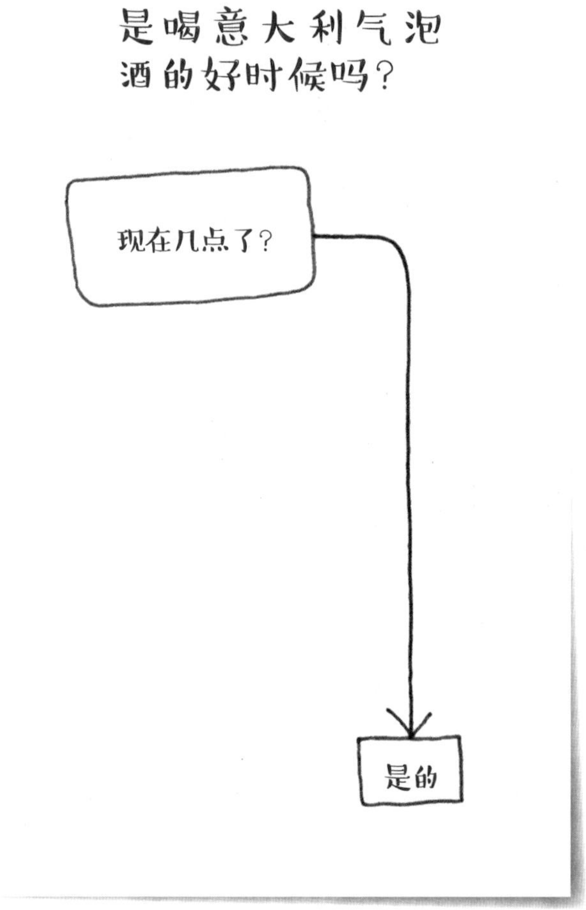
是喝意大利气泡酒的好时候吗？
现在几点了？
是的

马丁尼成分

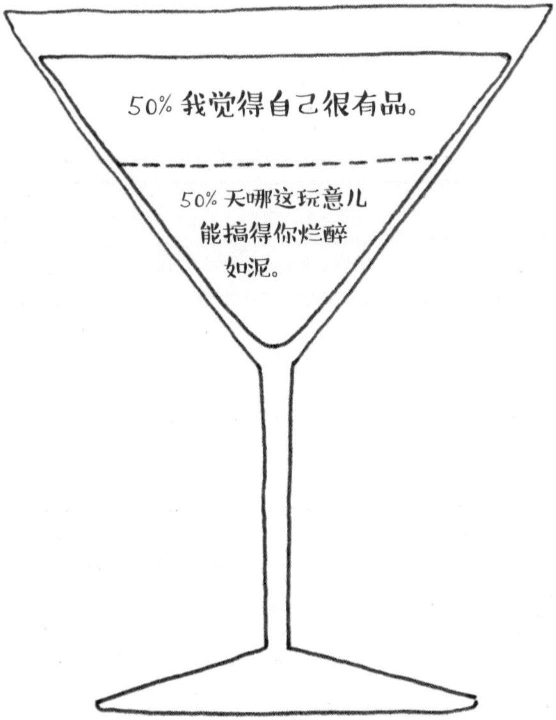

50% 我觉得自己很有品。
50% 天哪这玩意儿能搞得你烂醉如泥。

讽刺的是，一杯马丁尼能显得你相当上流体面，但同样也是马丁尼最后能整得你非常非常不体面。

在二十多岁时，某些时刻你会觉得『哦，我想我已经长大成人了』。对我来说，那就是在乏善可陈的周末夜里，看着电视干掉一整瓶红酒的时候。因为，如果为了忘掉压力而独自一人沉浸在寂寞之中都不算是最『成年人』的事情，那我不知道什么算是。

事实上还有一件算是『成人』的事情：那就是第二天不舒服时打电话去请病假。

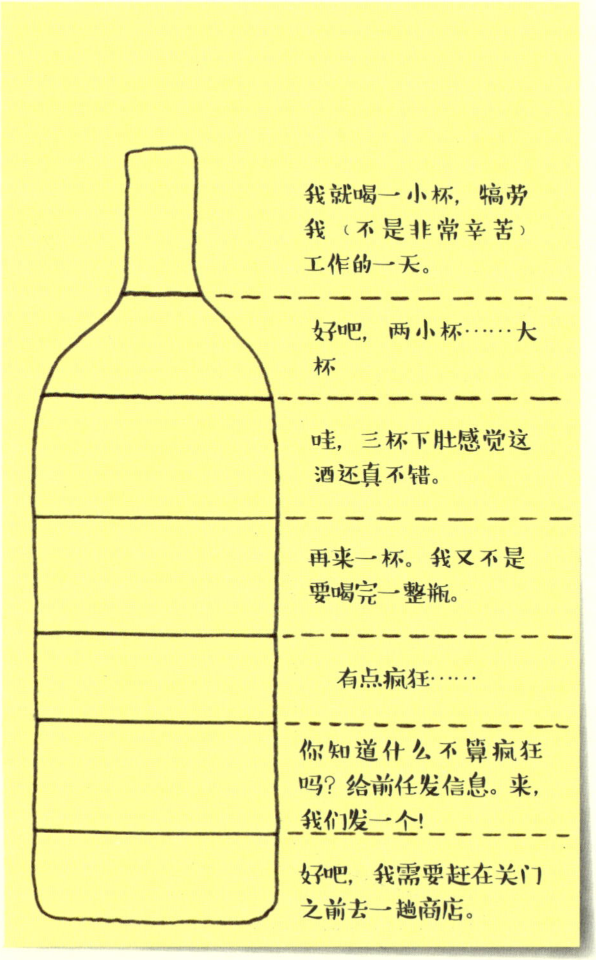
我就喝一小杯，犒劳我（不是非常辛苦）工作的一天。
好吧，两小杯……大杯
哇，三杯下肚感觉这酒还真不错。
再来一杯。我又不是要喝完一整瓶。
有点疯狂……
你知道什么不算疯狂吗？给前任发信息。来，我们发一个！
好吧，我需要赶在关门之前去一趟商店。

显然，不到去赴宴那一刻你是不会想起去买点啥的，结果必然无所适从。而街角孤零零的商店里只卖长相思干白，你只知道主人会说：『哦，有10年份了。』而你不得不告诉他们，自当你搬进现在这个社区的时候就意味着放弃了上好咖啡和优质公交服务，因此也该停止扮演一个势利的业余品酒师了。跟往常一样，你又一次扫了整个晚宴的兴。

去朋友家赴宴 选择带什么酒

选择软木塞封瓶的，因为你是有品位的人。
选择第三便宜的，因为你很小气，但又没有那么小气。
£7
确定标签上古老建筑的图案，意味着“品质之选”
2015
印刷也应是古体字
注意选择鲜为人知的葡萄品种，这样主人就能捧着酒瓶赞叹：“哇，琼瑶浆（德语发音）！”

想象中喝酒的状态
（侃侃而谈）我相当老练。这个展览不错。
现实中喝酒的状态
找不到开酒器，所以我把木塞子直接推到瓶子里了。

喜欢酒是因为它可同时位于复杂程度的两个极端。有人游弋于展览开幕式现场畅饮杯中红酒，同时前面排水沟里无家可归的流浪汉也在大口喝酒。关键是要完美地处于二者之间。

周日早晨
咦呃，恶心！这什么玩意儿？
啊，你好。我是你的宿醉。你需要花一整天的时间照顾我，给我弄吃的安抚我的情绪……诸如此类的事
啥？这不是我想要的啊！
哦，不，这就是你要的啊。嘿，想看一部威尔·法瑞尔的喜剧片吗？

『啊，而且，我一整天都不能出门，如果你能让我远离强烈的光线、吵闹的噪音和对昨晚的悔意那就完美了。现在，请给我做点熏肉吃吃。』

*威尔·法瑞尔：Will Ferrell，知名编剧、喜剧演员，代表作品《王牌大贱谍》。

科技时代

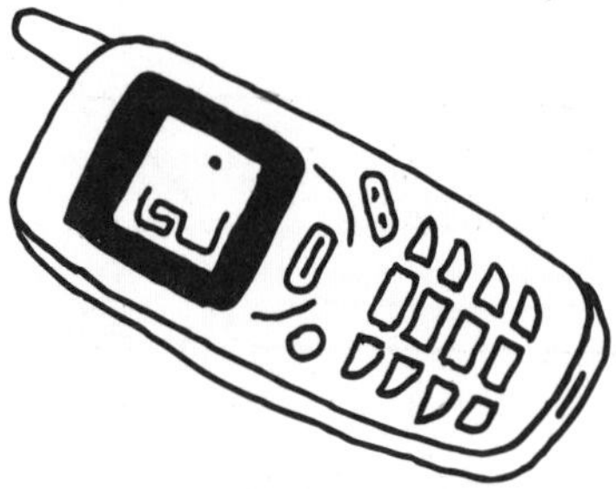

妈呀，这就是现在的孩子和他们所谓的“科技”。我在他们这么大的时候，人们之间还有交流，现在他们就是沉迷于这些愚蠢的“轮子”。

现在已经没人欣赏好的手工工具了。你知道这太悲哀了。我跟你讲，这社会要完蛋了。

你要是想达成某事，那还是打电话的好。但是这就意味着你得直接跟某个人说话，那『多给他们发几封邮件』可能更好一点，这也就是我再也没有找到工作的原因。但是，我的邮件写得棒极了。

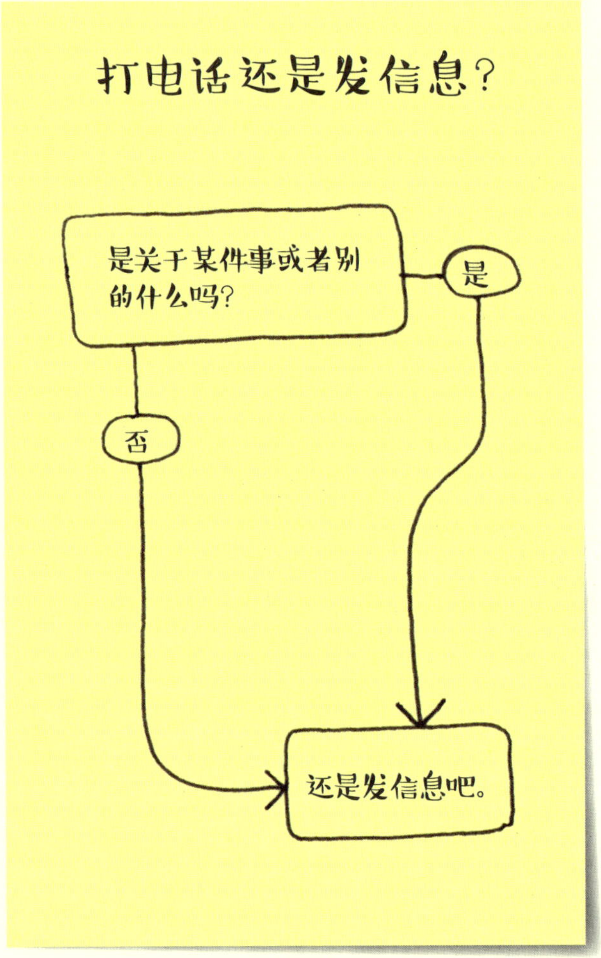
打电话还是发信息？
是关于某件事或者别的什么吗？
是
否
还是发信息吧。

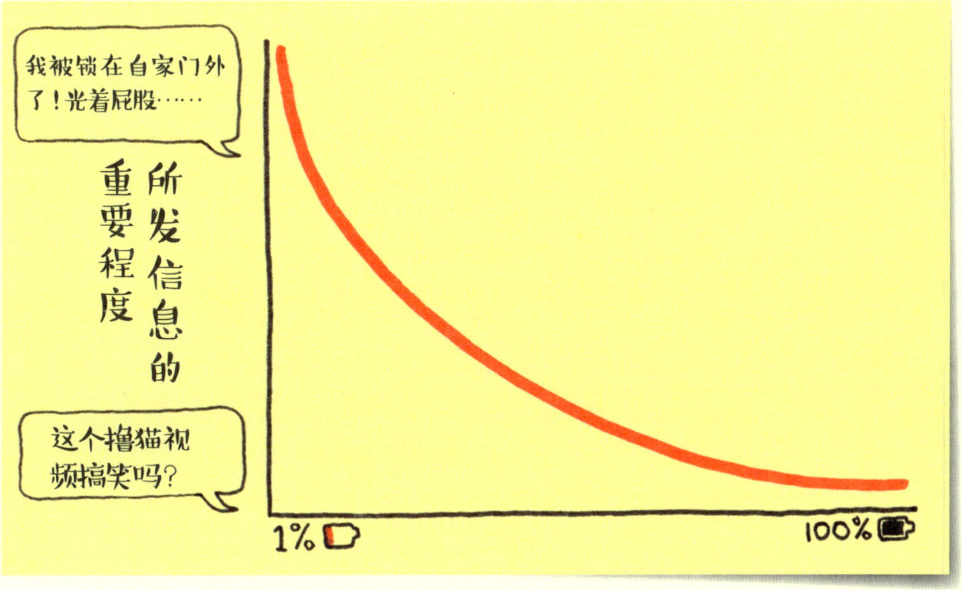

对我来说，手机电量只剩 1% 所带来的恐惧比很多事情都大。“听着兄弟，我知道，为了逃离这场小行星导致的近在眼前无法避免的海啸，我们亟须到达更高的地方，不过你觉得我们能不能在路上顺便去个酒吧让我给手机充会儿电？”

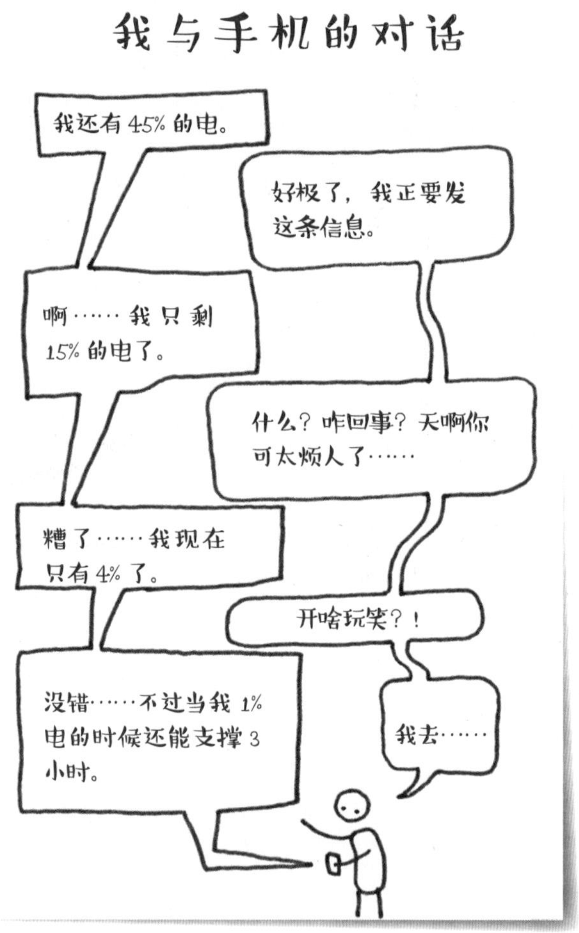
我与手机的对话
我还有45%的电。
好极了，我正要发这条信息。
啊……我只剩15%的电了。
什么？咋回事？天啊你可太烦人了……
糟了……我现在只有4%了。
开啥玩笑？！
没错……不过当我1%电的时候还能支撑3小时。
我去……

有那么一刻，你心爱的手机终于耗光了所有的电，你插上充电器坐等它重启，祈求它赶紧醒来，就像在医院病床边守候昏迷中的挚爱一样。然而当你开始跟它『对话』就像它有电时你做的那样，你忽然会意识到，也许，只是也许，你太依赖你的手机了。

什么时候适合看手机

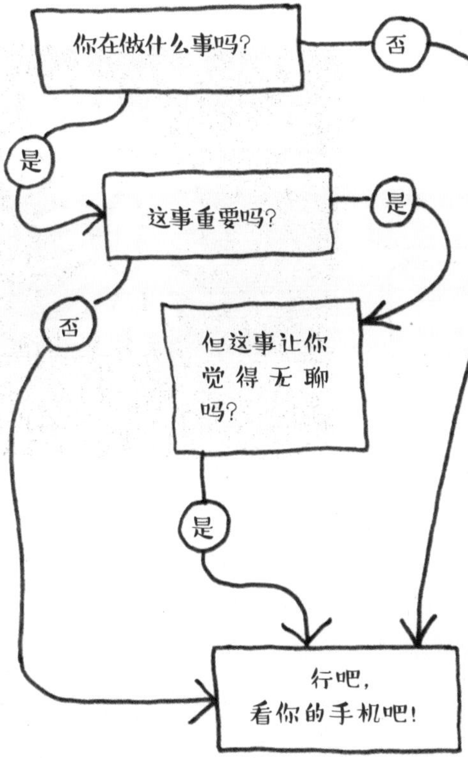
你在做什么事吗？
否
是
这事重要吗？
是
否
但这事让你觉得无聊吗？
是
行吧，
看你的手机吧！

总有一天潮流会变。那些抱怨无节制使用手机非常不礼貌的人会死光光，而留下的认为不看手机且眼神放空的人会让你看起来有点奇怪。

1914 年，欧内斯特·沙克尔顿和 27 名队员出发穿越南极大陆。他们的船“坚忍号”困于浮冰，没能像它的名字一样坚持，最终沉没，使得队伍陷入没有救援的境地。数月后，他们终于在浮冰融化时登上救生艇，最终到达一个无人居住的小岛。沙克尔顿和其他 4 个人一起从那里出发，乘坐一条没有顶棚的小艇在海中奔波 800 英里才得到救援。

幸好沙克尔顿去世得早，不然他会发现周六晚上找不到派对地址而手机又恰好没电的情形要糟糕得多。

现在我到哪儿都带着手机充电器，也就是说我揣着四处走的手机需要插电使用，就跟生活在 20 世纪 70 年代的人一样。也就是说我跟我爸妈年轻时对科技水平的疑问是一样的。怎么会出这样的问题呢？！

过去
未来
未来我们可以通过小小的手持设备面对面讲话
哇，太酷了
啊！这是视频通话！
快关了关了

在斯坦利·库布里克1968年拍摄的电影《2001：太空漫游》里，主角从轨道空间站里给他地球上的女儿打了一个视频电话。这个场景是为了表现未来科技的发达程度，但是如果这部电影能够精准预言未来的话，女儿应该在电话里尖叫：“我跟你说过了爸爸！不要给我打视频电话！”这表明库布里克对科技与人类的关系的判断是完全错误的，这一点相当讽刺。

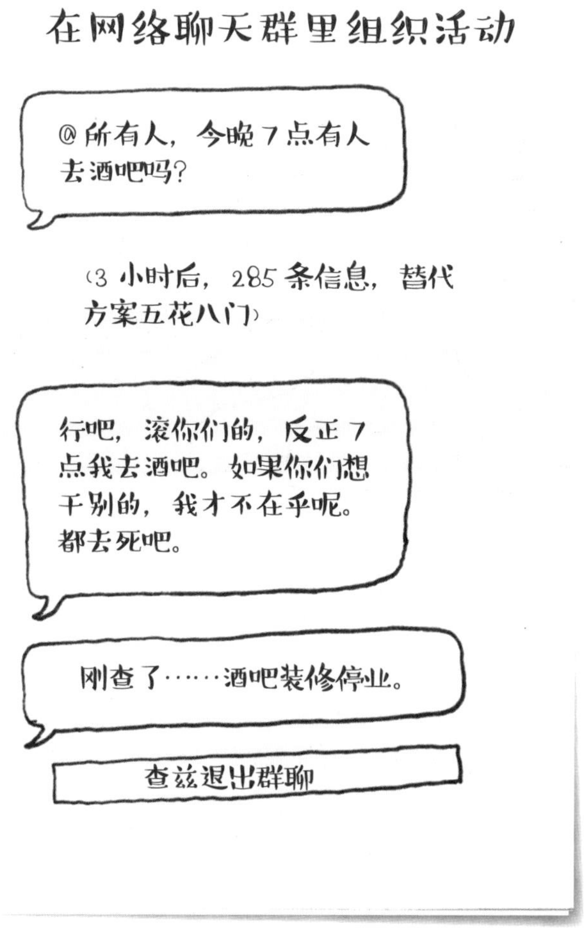
在网络聊天群里组织活动
@所有人，今晚7点有人去酒吧吗？
（3小时后，285条信息，替代方案五花八门）
行吧，滚你们的，反正7点我去酒吧。如果你们想干别的，我才不在乎呢。都去死吧。
刚查了……酒吧装修停业。
查兹退出群聊

以前我花了很多时间都想不明白为什么政府好像什么事都干不成，现在我明白了。

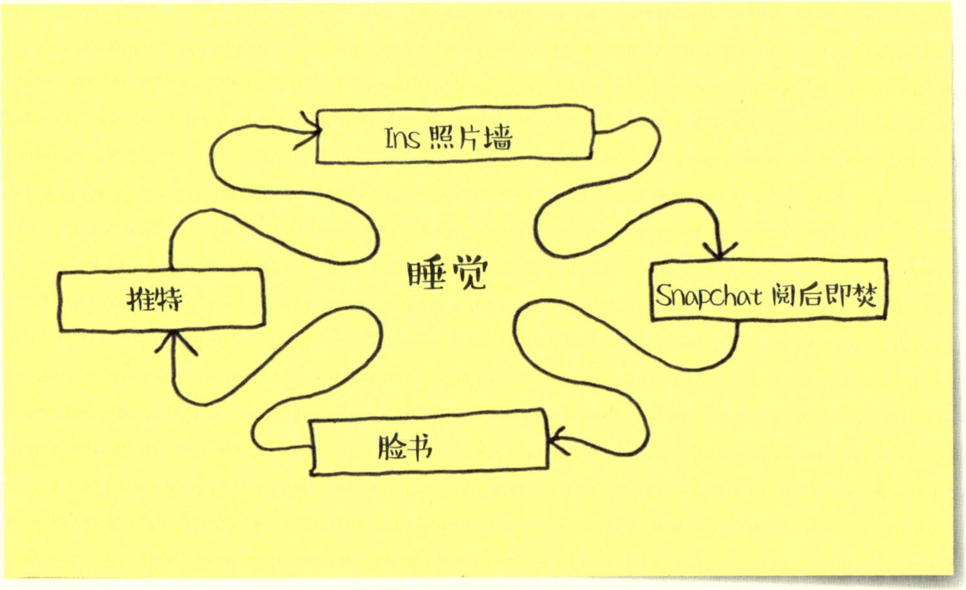

终于，当不再收到任何新通知时我算是完成了圆满的一圈，此时，也只有在此时，我才能睡着。

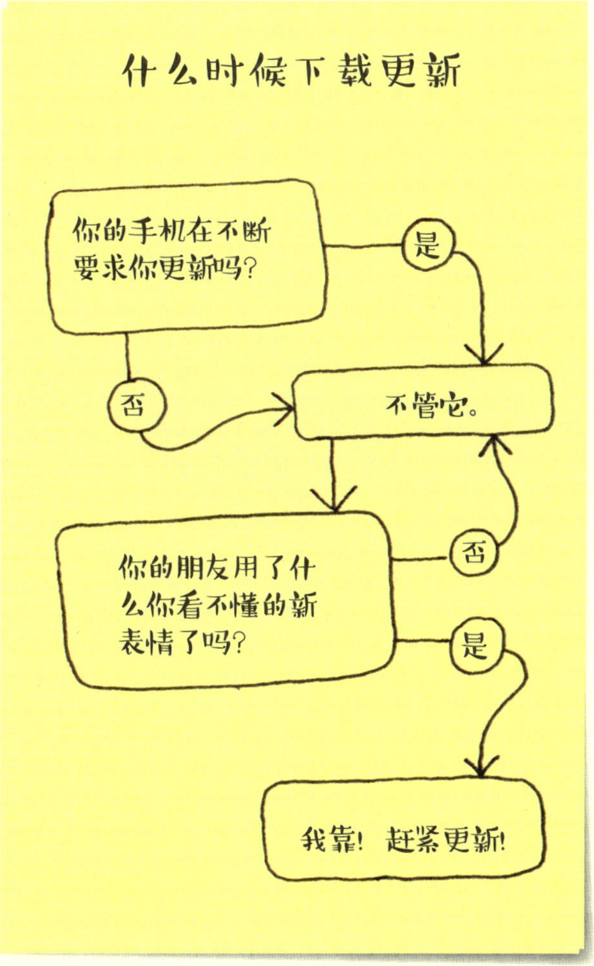
什么时候下载更新
你的手机在不断要求你更新吗？
是
否
不管它。
你的朋友用了什么你看不懂的新表情了吗？
否
是
我靠！赶紧更新！

我不想下载更新是因为一个可怕的理由，因为我不想知道手机停止工作45分钟会发生什么，没有什么可以阻止实质存在的恐惧慢慢浸润你、冲刷你、提醒你最后仍是孤独根本不可能面对脑海中的虚空。

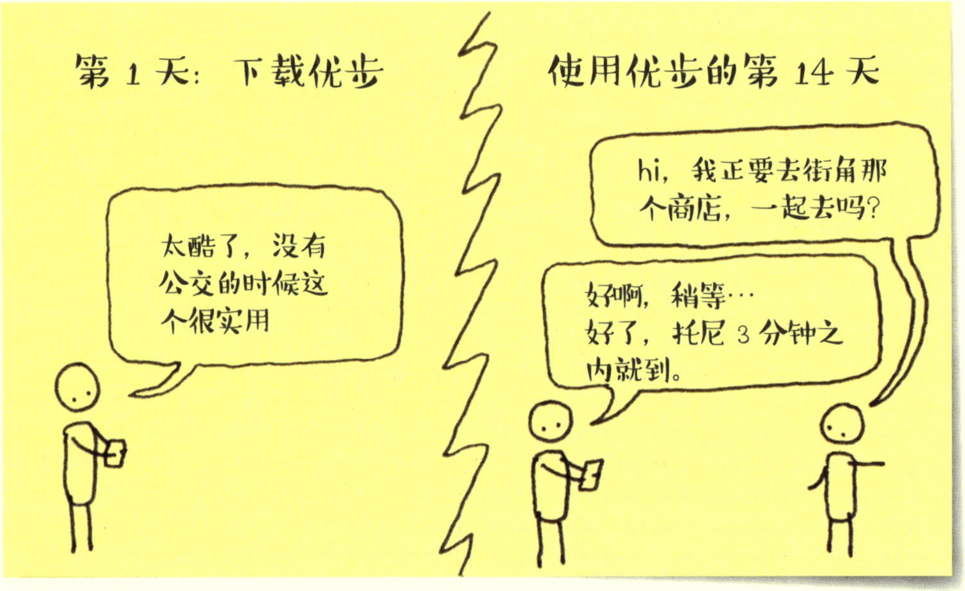
第1天：下载优步
太酷了，没有公交的时候这个很实用
使用优步的第14天
hi，我正要去街角那个商店，一起去吗？
好啊，稍等…
好了，托尼3分钟之内就到。

“你是想我们一起喝点儿，还是想叫托尼一起喝点？”

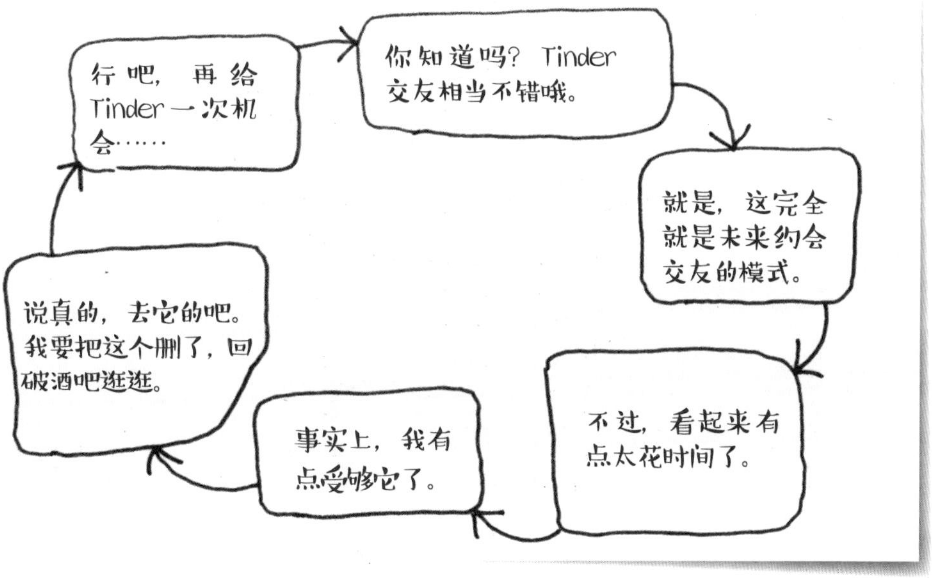
你知道吗？Tinder交友相当不错哦。
就是，这完全就是未来约会交友的模式。
不过，看起来有点太花时间了。
事实上，我有点受够它了。
说真的，去它的吧。我要把这个删了，回破酒吧逛逛。
行吧，再给Tinder一次机会……

在线交友基本上就相当于你走进一个满是陌生人的屋子，跟他们说你觉得没什么意思准备离开，就在此时，大约 1/4 的人开始问你周一过得怎样，还有 1/4 的人开始说一些奇奇怪怪疯疯癫癫的话，于是你让他们都滚蛋。然后你接着跟剩下的人聊，结果他们要么都沉迷武术要么认为酷玩乐队就是音乐成就的顶峰，此时你发现这太难继续，于是离开房间去读书，然后你会想，养只猫孤独终老还挺不错呢。

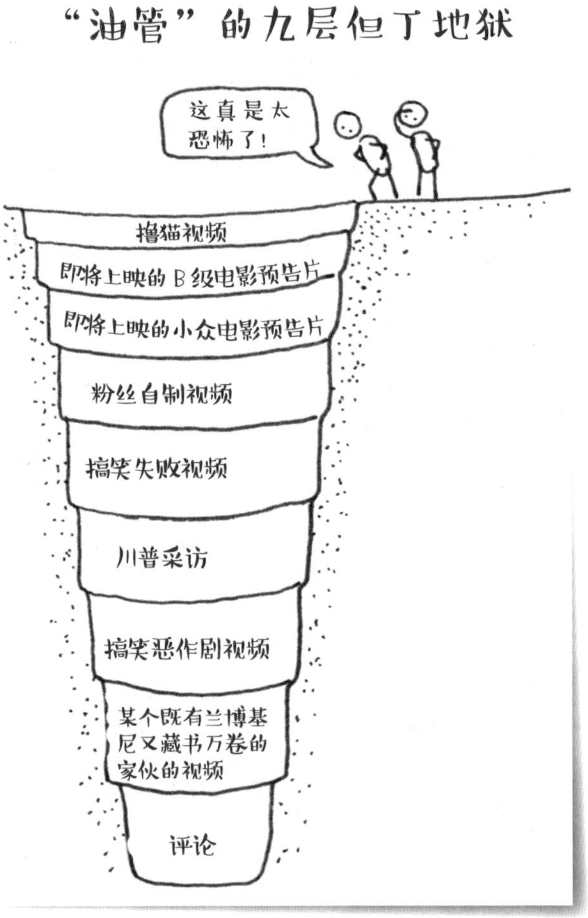

但丁一定会喜欢『油管』的。毫无疑问，他一定会在上面浪费很多时间以致于拖延甚至最后写不完《神曲》，不过他可能会在评论里发表一些厉害玩意儿。

*C-movie：即 Cult Movie，通常题材小众，甚至猎奇。

无接触支付
应该是怎样
现在我们可以更快支付，未来成为一个无现金社会！
无接触支付
实际是怎样
免费的！

在货币存在以前，人们是以物易物的。那时候，你走进一家酒吧，拍下一只活鸡，换回2.5品脱酒。如果是这样，无接触支付就仅意味着酒吧里的活鸡少了一些，对于交易的人来说乐趣也少了些。

"拼写检查"
应该是怎样
好吧，
应该是
怎样？
哦，朋友，e前
面是i，但除此
之外都挺好的
SPELL CHECK
我怎样使用
"拼写检查"
好吧，这是A，X，U，I，
L，T，再来一个A和Y。
给我组个词！狗东西！
SPELL CHECK
呃……Auxiliary？
Exulted？
我不知道！
不知道！

"不，不是这个。加点字母再猜一下。别让我费劲去开谷歌搜索，你知道它肯定知道答案。"

“嘿，我们可以采用延时摄影。如果我们用延时摄影拍一些很酷的东西，比如说……嗯……比如说某些如果速度加快看起来就很酷的事情……就比如……那个，就是这里任何很酷的东西都行……哎呀妈呀，我不知道，选择太多了……最后我肯定能想出来一个……”

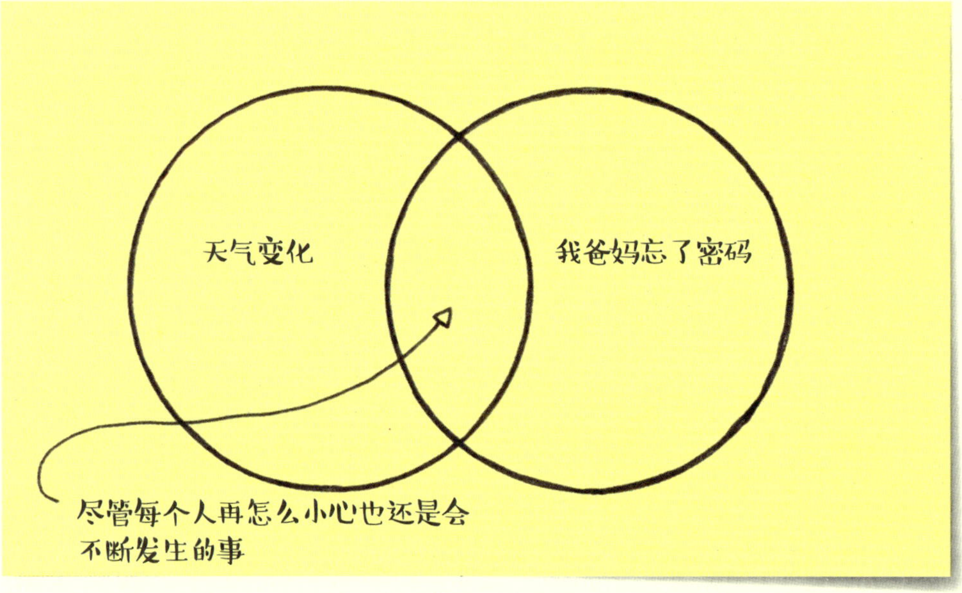

这些事情的另一个共性是，无论你怎样解释它的重要性，老年人还是会听不懂或者甚至一开始就没在听。

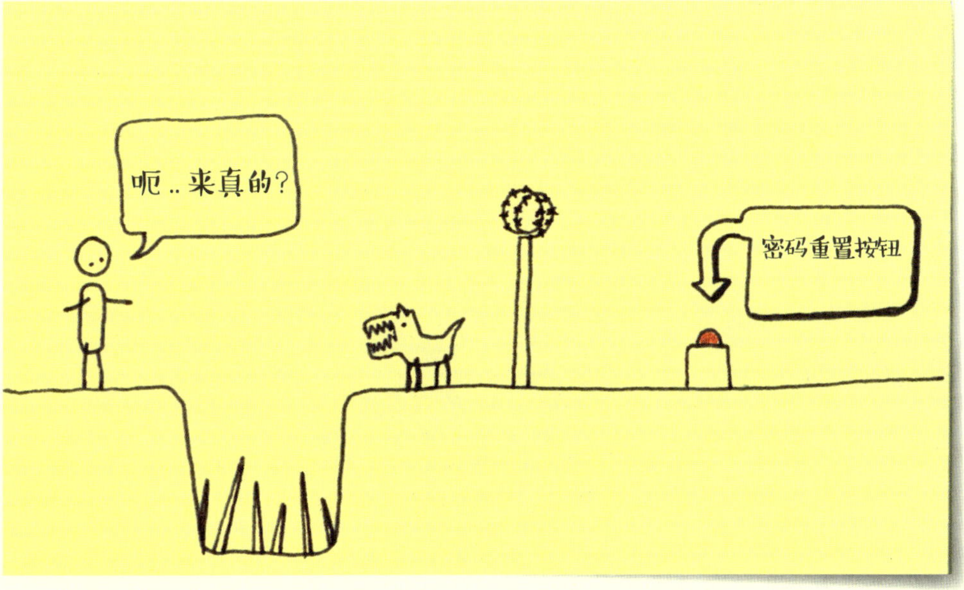

有些人想知道机器人什么时候接手世界，我偷偷怀疑当最后一个人类最终与互联网隔绝的时候这才会发生。

胡言乱语

大脑地图
此区域能记住 Kris Kross饶舌组合蹦出的每一个单词却记不住你的密码
此区域负责记住要把护照放在某个“容易记住”的地方，但却忘了“容易记住的地方”是哪儿
此区域会因你对入睡这件事过于焦虑而阻止你入睡
此区域会因为15年前的一次糟糕经历让你再也无法饮用杉布卡利口酒
此区域决定你说什么，但与负责“先思考一下你说的东西”的区域并不联通
此区域在宿醉期间会受伤严重，但可被熏肉压制
此区域只有在摄入大量咖啡因后才能工作，同时它也负责处理所有现实世界里的破事儿
此区域可以轻松地算出5个人平摊的账单费用，但是却注意不到你已经负了多少债
此区域负责记住人名，但在你需要向其他人介绍该人的时候不工作
此区域热爱观看油管视频，只有在需要完成重要事情的时候才会被激活

一位神经科学家告诉我，这个地图看起来“大概正确”， 这要么意味着，某种程度上我恰好猜到了大脑中正在发生什么，要么意味着神经科学家对于“大概正确”有着令人担忧的宽泛定义。

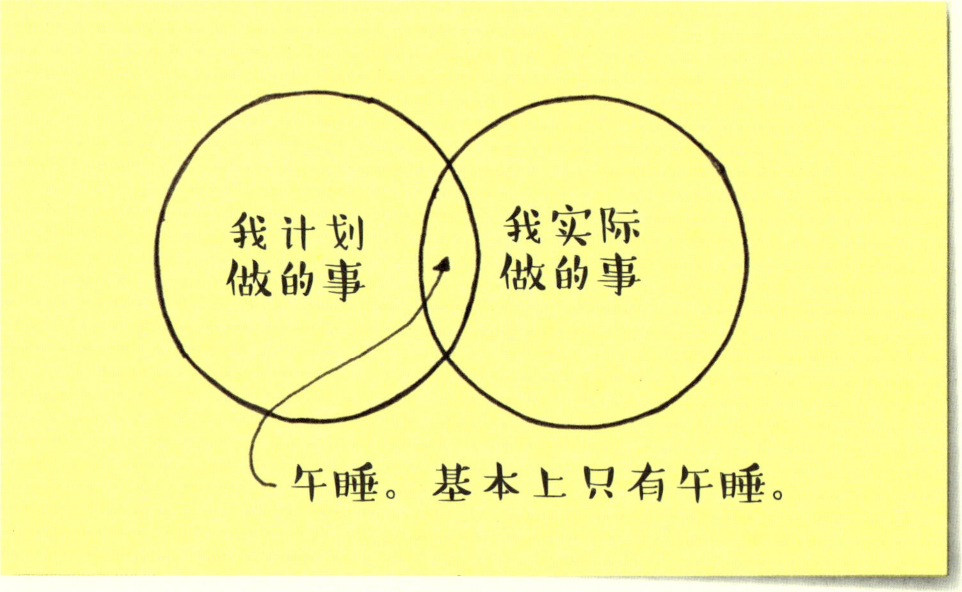

如果我完全诚实的话，“午睡”也应该排在“我没计划做的事”之中。

我的“计划清单”最终的样子

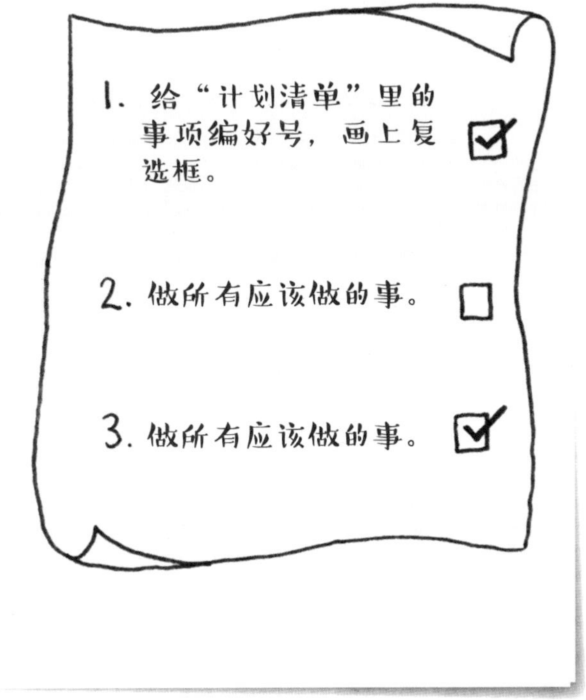
1. 给“计划清单”里的事项编好号，画上复选框。
2. 做所有应该做的事。
3. 做所有应该做的事。

我们也许应该把每一杯酒都单列出来，这样清单看起来令人印象更深刻点儿，对吧？而且，应该在开始列上『起床』和『洗澡』来做铺垫。『兄弟，看，我们已经完成很多事情了！』

作为孩童的我
哦不，一个大人。我敢打赌他们要来问我学校的情况，为啥他们老问这个？
在学校咋样啊，小伙子？
作为成人的我
哦不，一个小孩。我跟他没有任何交集，他们平常都干些什么？上学？对，就问他们这个吧！

最近我有所改变，把我朋友正处于青春期的孩子吓得够呛——“那么，庄尼，你们现在的小孩在学校都抽什么？”

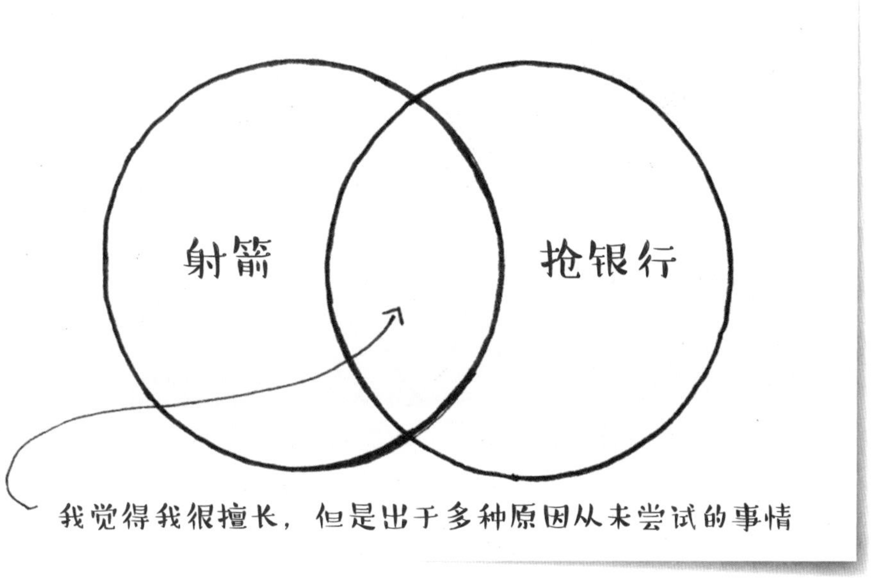

那个，我强烈建议先尝试射箭，因为发现自己无法命中靶心这件事总比意识到你可能错将邮局当成了银行，而且外面有一队全副武装的警察正在等你，要令人少许多忧愁。

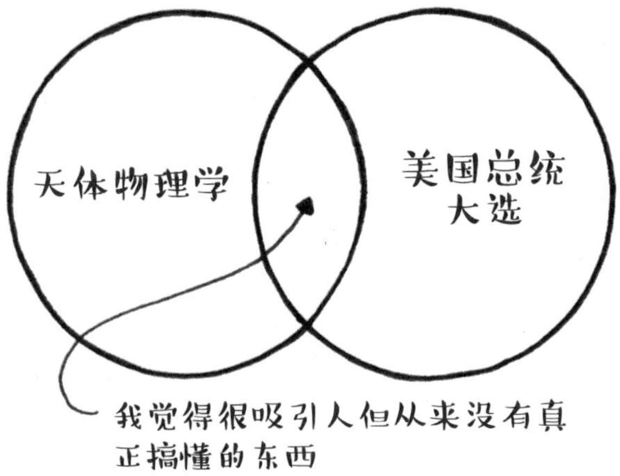

不幸的是，其中只有一个领域要求你非常聪明才能获得成功。

1782：皇家学会行星命名大会
总之，这就是我提出的吸引更多孩子对天文学产生兴趣的方法。
干得漂亮，约翰，真不错！
URANUS

1917年，马塞尔·杜尚将一个上翻式陶瓷便盆命名为『喷泉』，并署名『R.穆特』，送去参加独立艺术家协会展览。协会认为这件『雕塑』让人无法接受。这件艺术品从此成为20世纪最具影响力的作品之一，因为它直接拷问了艺术的本质。不过，我怀疑约翰·埃尔特·波德在135年前用『arse』给整个星球命名就够把杜尚打得落花流水了，应该永远奉行科学是非常严肃的东西的传统观念。

*Uranus 谐音 your anus。

怎样识别一个嬉皮士？

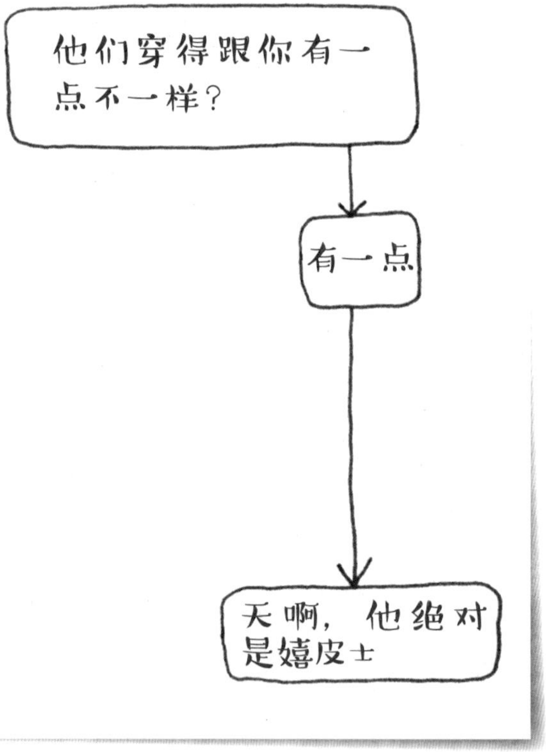
他们穿得跟你有一点不一样？
有一点
天啊，他绝对是嬉皮士

你觉得这个人是嬉皮士，但是他可能也以为另外一个人是嬉皮士，而那个人又以为你是嬉皮士。也就是说没人是嬉皮士，A觉得B是嬉皮士，B觉得C是嬉皮士，而C又觉得A是嬉皮士。也就是说没人是嬉皮士。一个相对概念，是基于我们总会对社会结构有先入为主的想象而生造的一个概念。常用调和我们自身先天的那点不同。事实上，当你跟他们聊天并且赞美他们可笑的帽子的时候，每个人都会表现得相当友好。

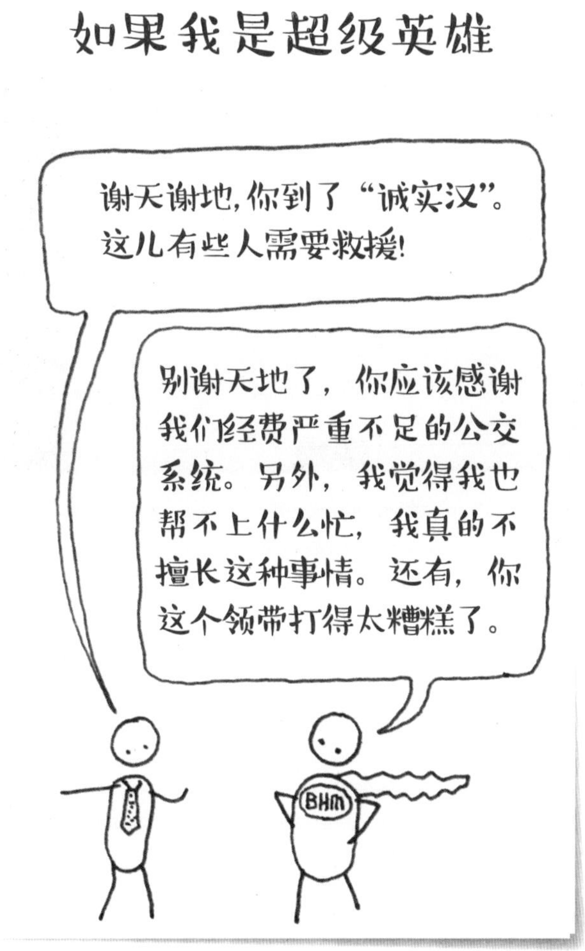
如果我是超级英雄
谢天谢地，你到了“诚实汉”。这儿有些人需要救援！
别谢天地了，你应该感谢我们经费严重不足的公交系统。另外，我觉得我也帮不上什么忙，我真的不擅长这种事情。还有，你这个领带打得太糟糕了。
BHM

我相当确信，在我向我的超级反派对手做一个超长的彻底的PPT演讲，指出他们意图统治世界的计划在经济上是多么不可行之后，他们一定会情愿放弃这个计划并让我闭嘴的。

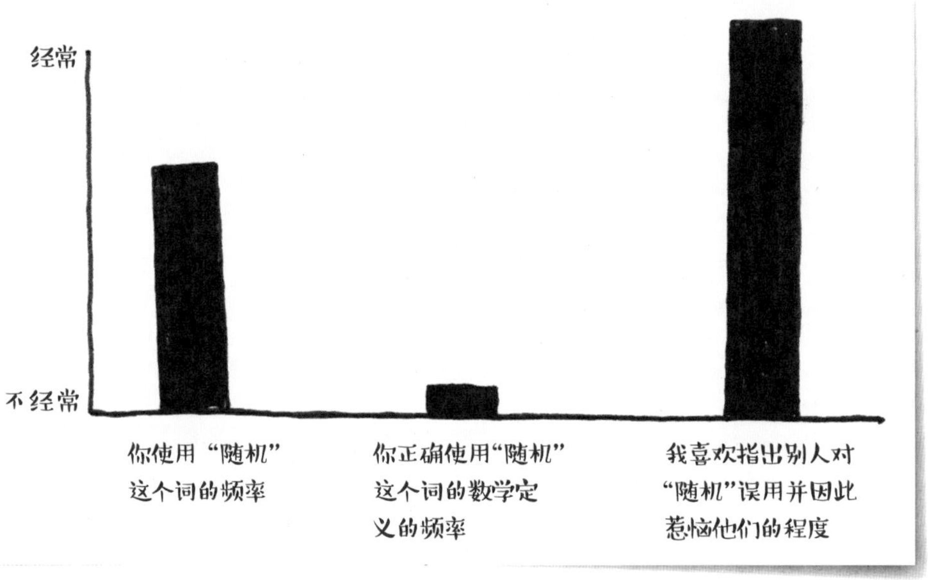

我不知道自己是因为不喜欢人们误用“随机”一词的数学定义，还是首先就不喜欢使用这个词的人，才会想要卖弄地指出他们的错误从而惹恼他们。因为如果有什么东西是人们所憎恶的，那就是某个“随机”的家伙自鸣得意地指出概率的正确使用方法。

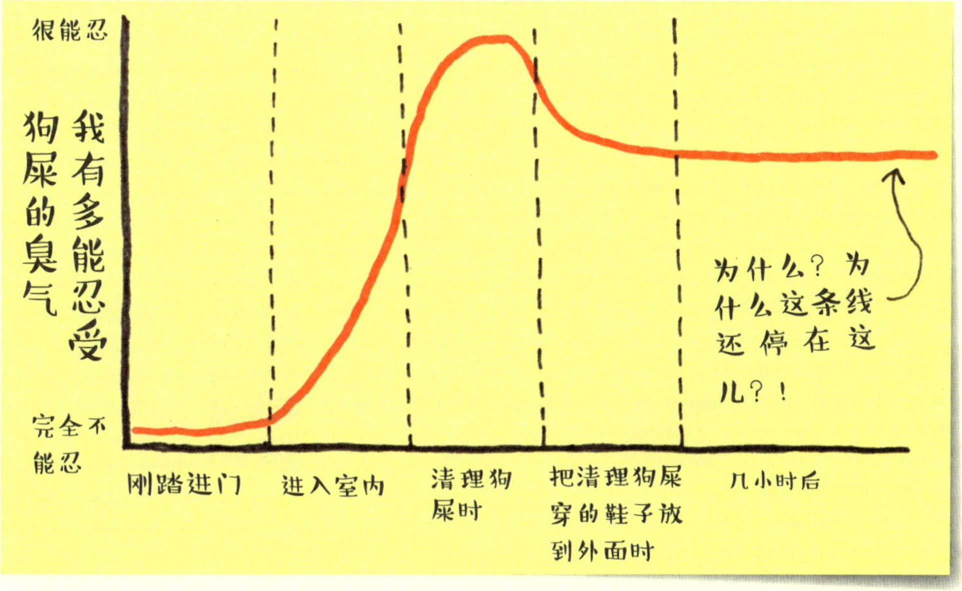

人们常说，当你失去一条腿后你仍能感知它的存在，我觉得狗屎在很多方面跟这个一样。你知道几个小时以前你已经洗干净了，但是你仍然能感觉到它的存在，并且你很确信，其他人也能感觉得到，这就是每个人都瞪着你的原因。或者他们只是想看看你往哪儿去……无论是哪种情况，你都应立即回家烧掉你所有的衣服，以防万一。

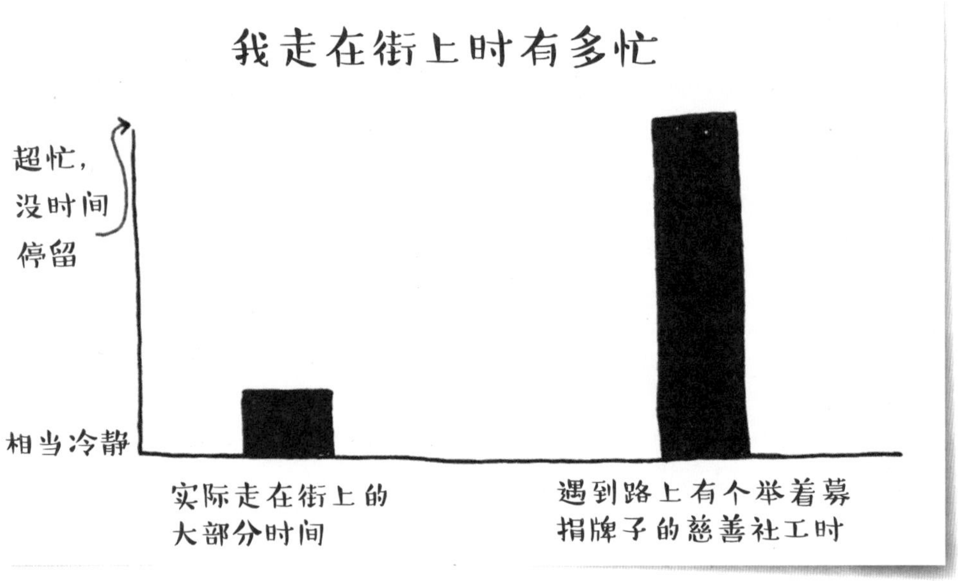

大概是因为我的长相，每当我经过募捐展点时，募捐者都会觉得：“这个家伙不会介意花两分钟时间听一下某个特别偏远的地方某种数量稀少的无名树蛙的事情。”所以我会尽最大努力让自己看起来像一个忙碌的、愤怒的，甚至是有点精神不正常的社会分子——任何情况下都不会停下来讨论树蛙的人。

但是，他们仍然会拦住我。

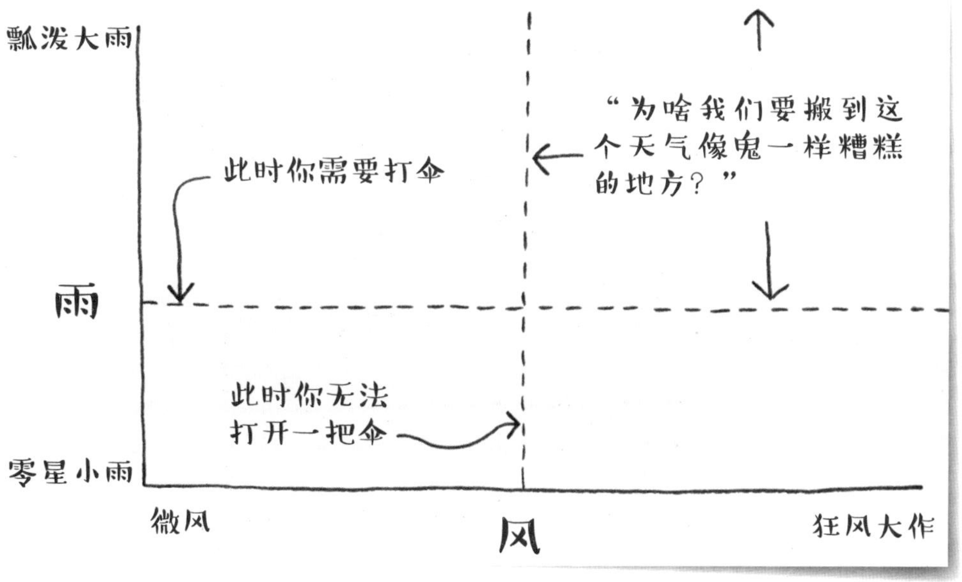

我对空气和水，这两种对生命至关重要的东西爱得深刻，然而，生活在地球上的我们对它们的抱怨通常也最多。

当你发现谈话变成灾难而刹车已经失灵的时候，没有什么比加大马力以最快速度冲向这场事故更好的应对方式了。

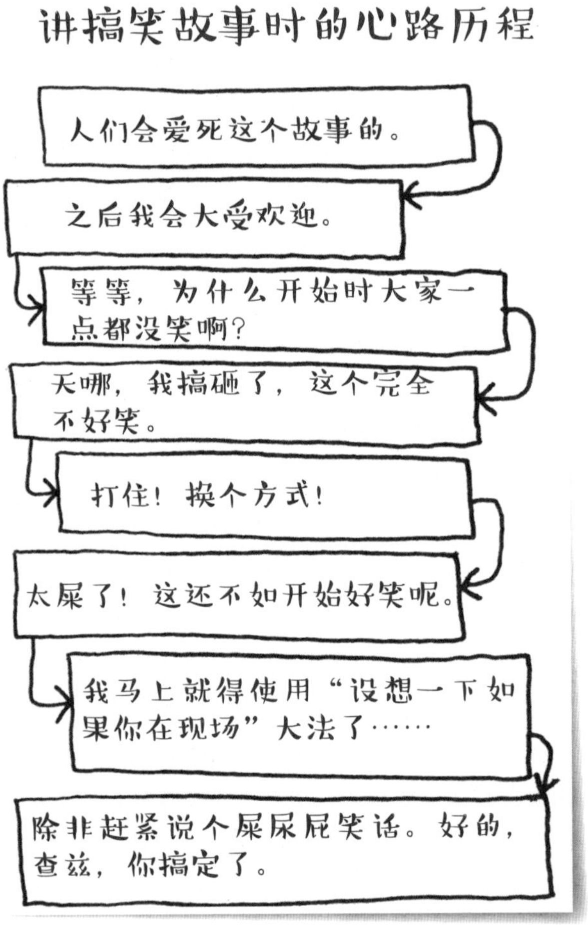
讲搞笑故事时的心路历程
人们会爱死这个故事的。
之后我会大受欢迎。
等等，为什么开始时大家一点都没笑啊？
天哪，我搞砸了，这个完全不好笑。
打住！换个方式！
太屎了！这还不如开始好笑呢。
我马上就得使用“设想一下如果你在现场”大法了……
除非赶紧说个屎尿屁笑话。好的，查兹，你搞定了。

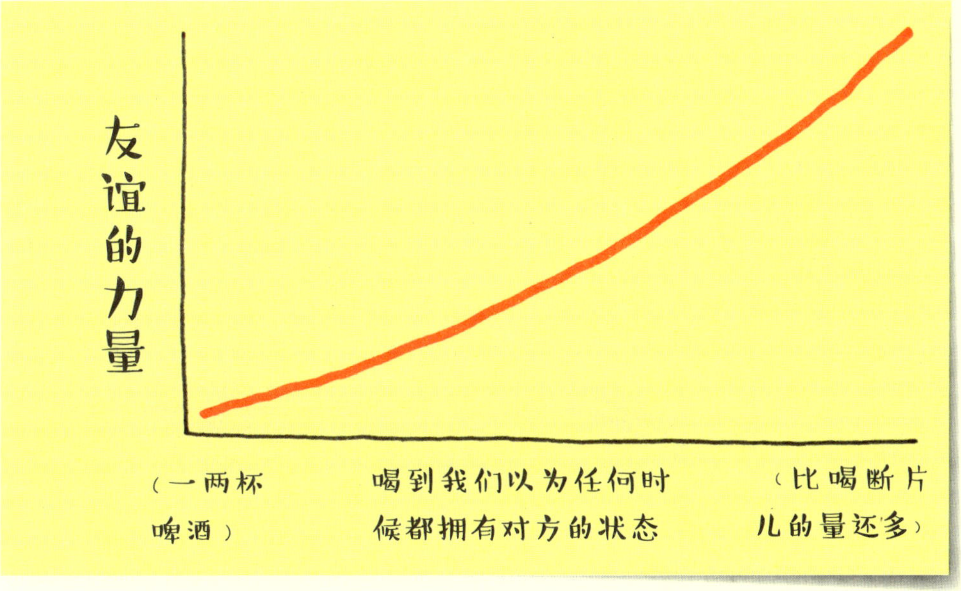

“好吧，这一轮我来付，因为上周我还欠你一轮。当然，上上周你还欠我一顿饭呢，但是你付了上个月婚礼期间的住宿费，所以……管他的呢，谁在乎这些啊？”

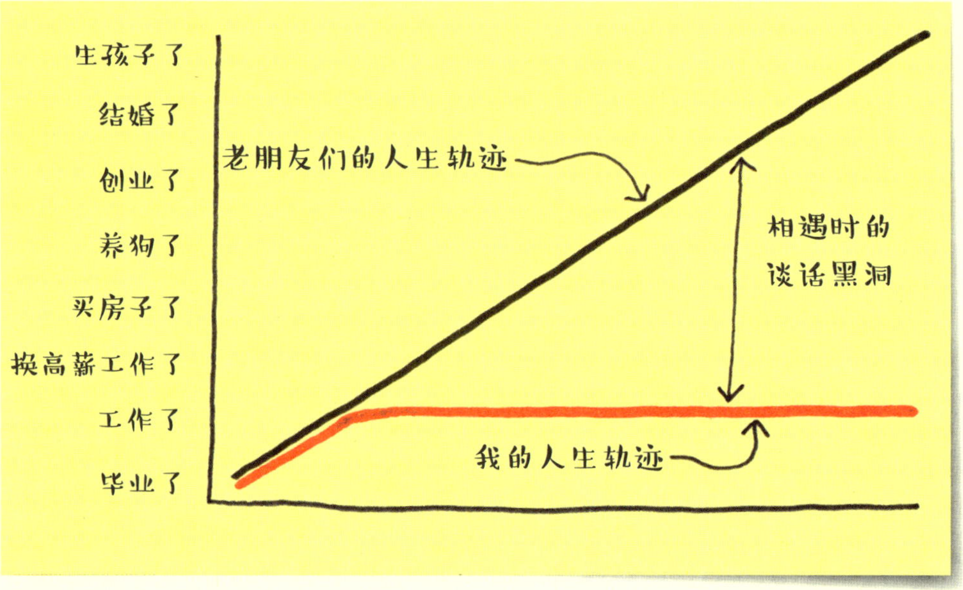

“呃，反正，我和琳达打算在乡下买第二幢房子；主要是投资，但是也会是不错的周末度假屋，狗也能跑得开，孩子也有地方撒欢儿！你最近有做什么投资吗？”

“有啊，三天前我买了一个鳄梨，它送来时会是一个重要的时刻。”

『天哪，我那天看见萨拉了，她说她看见斯蒂夫了。这你能相信？就好像一切都在意料之中，但是我却什么也不知道一样。嘿，我们点鱿鱼好吗？说到这，你的工作怎么样？』

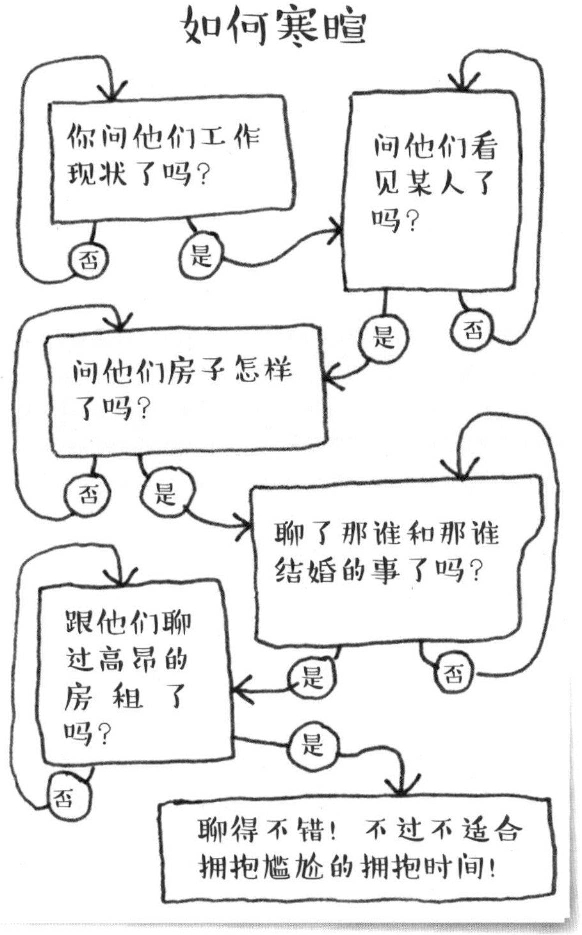

如何寒暄
你问他们工作现状了吗？
是
否
问他们看见某人了吗？
是
否
问他们房子怎样了吗？
是
否
聊了那谁和那谁结婚的事了吗？
是
否
跟他们聊过高昂的房租了吗？
是
否
聊得不错！不过不适合拥抱尴尬的拥抱时间！

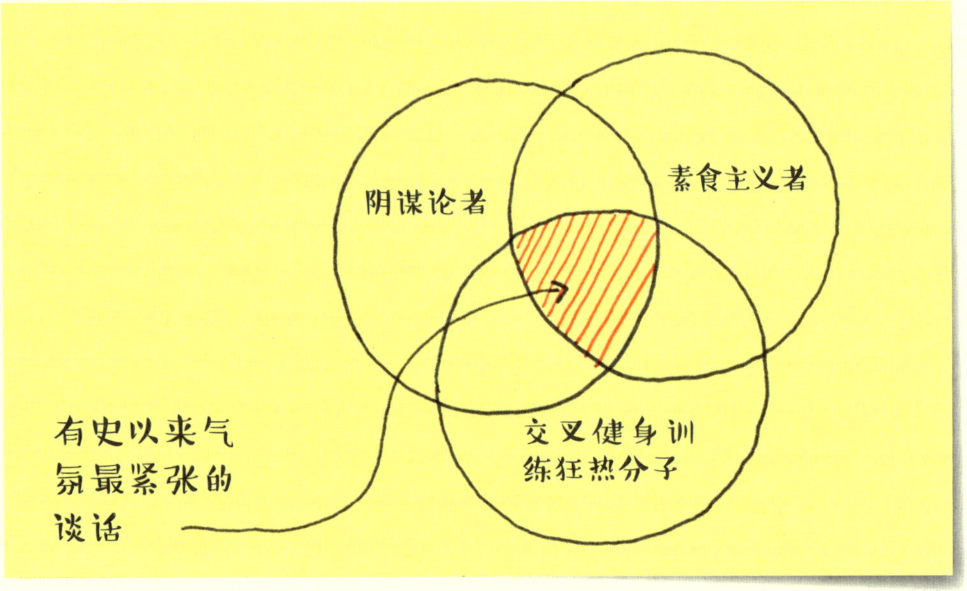

世界上可能有一个人既热爱交叉健身训练（Cross-fit），同时也是素食主义者，对"9·11"和人类登月也有一些有趣的见解。这人简直是人们认识的所有人中最有趣的一个了。

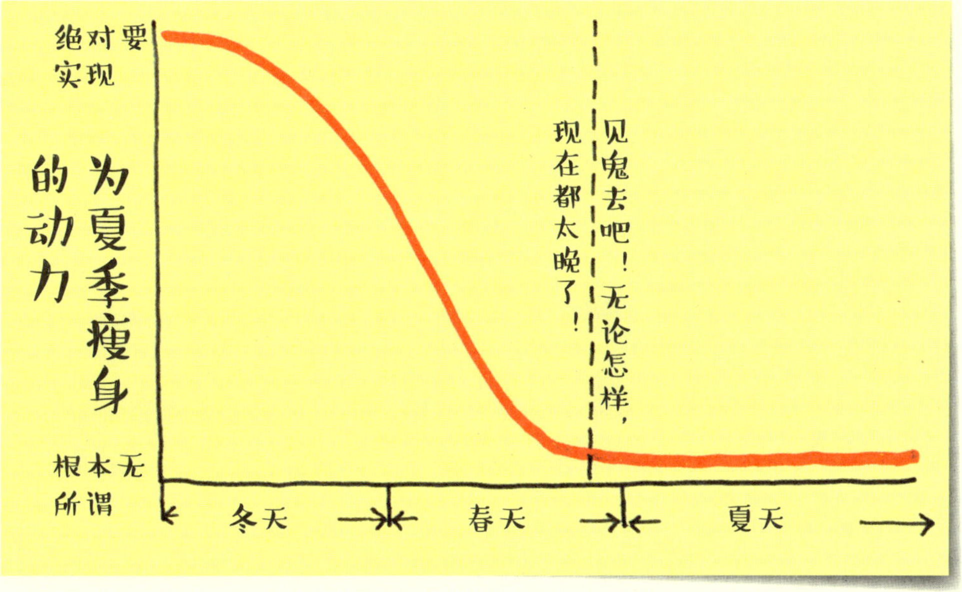

B 计划：别瘦身了，买身新衣服吧，重点是看起来要闪耀全场！

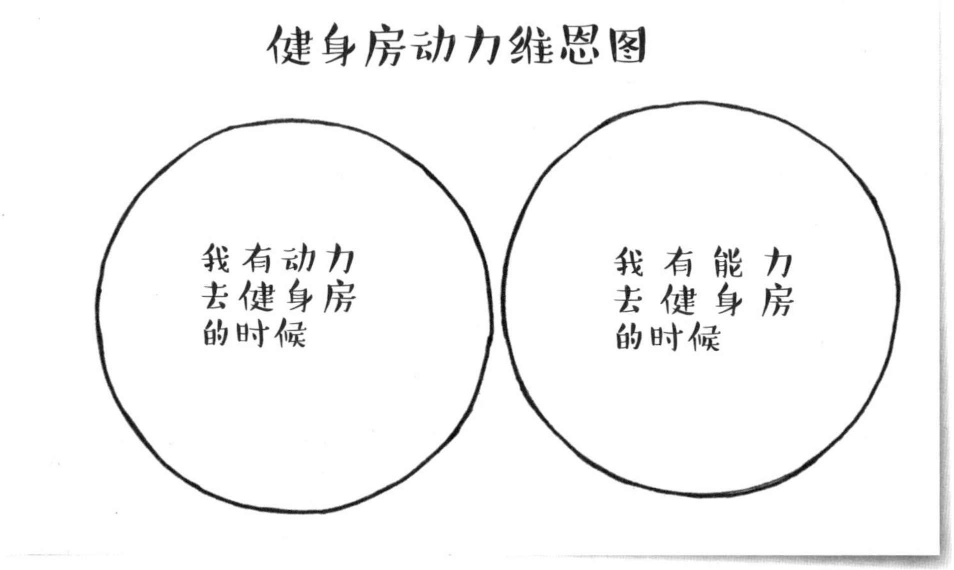

下午 5 点：“我明天早上要 5 点起床去健身房，这十分重要。”

早上 5 点：“好吧，虽然去健身很重要，但我此刻觉得睡好更重要，现在起床似乎……确实对我健康有害。”

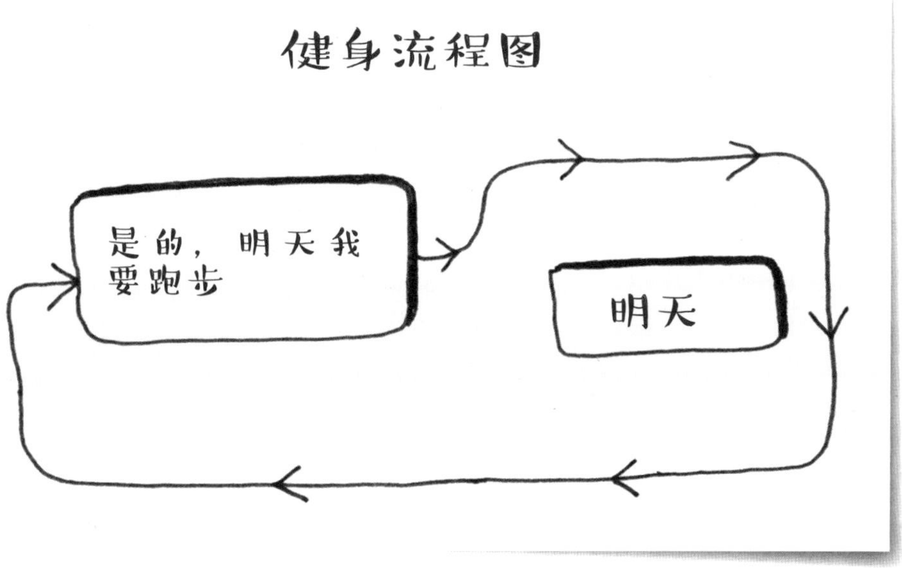

“好吧，我知道我总在说明天，不过……还是明天吧。”

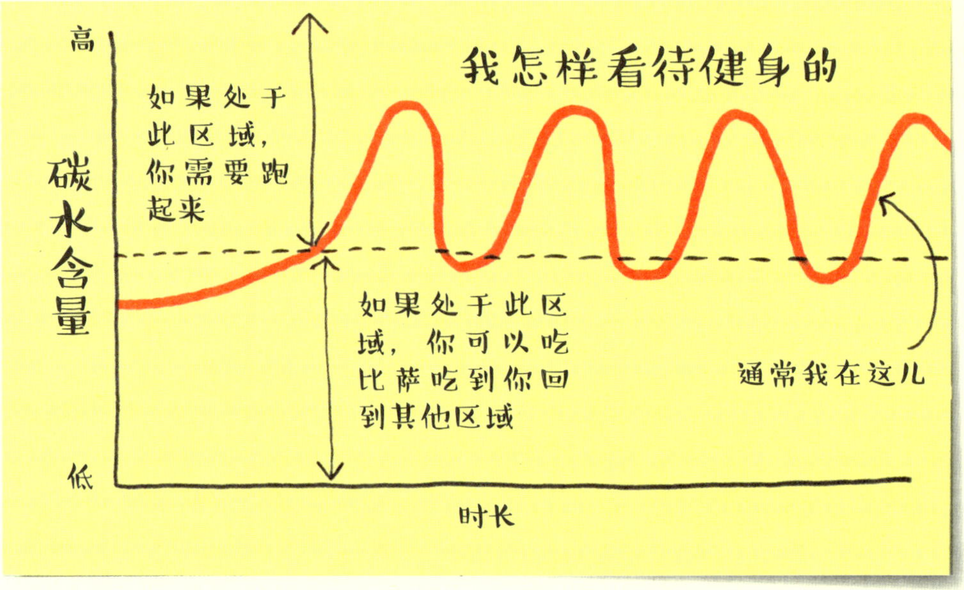

走到冰箱前所消耗的卡路里，完全可以证明从冰箱里拿出来的熏肉是正确的。至少，这么想能帮我睡着。

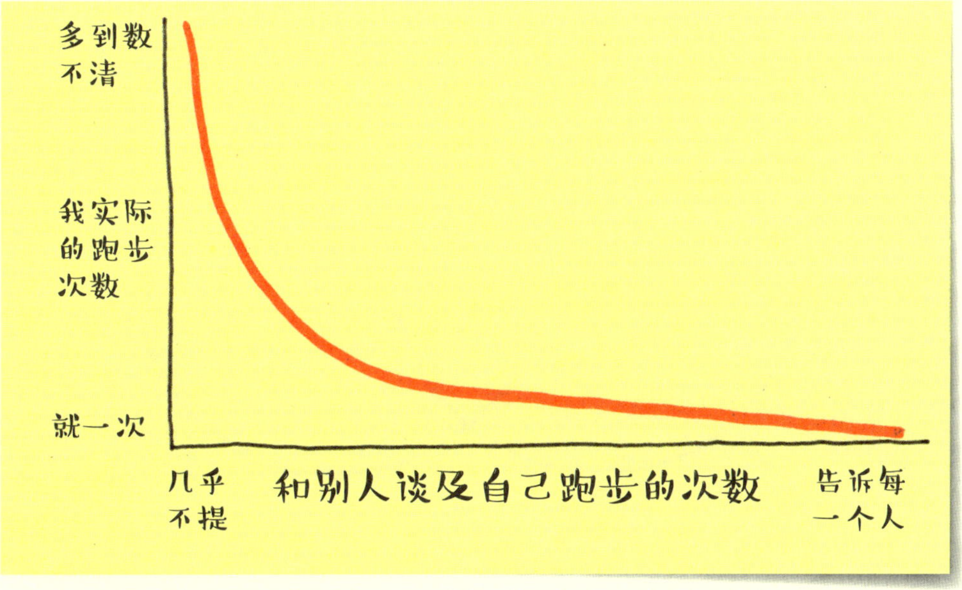

如果你刚刚跑完马拉松，这种情况就完全不同了，毫无疑问，你会经常谈论这件事。

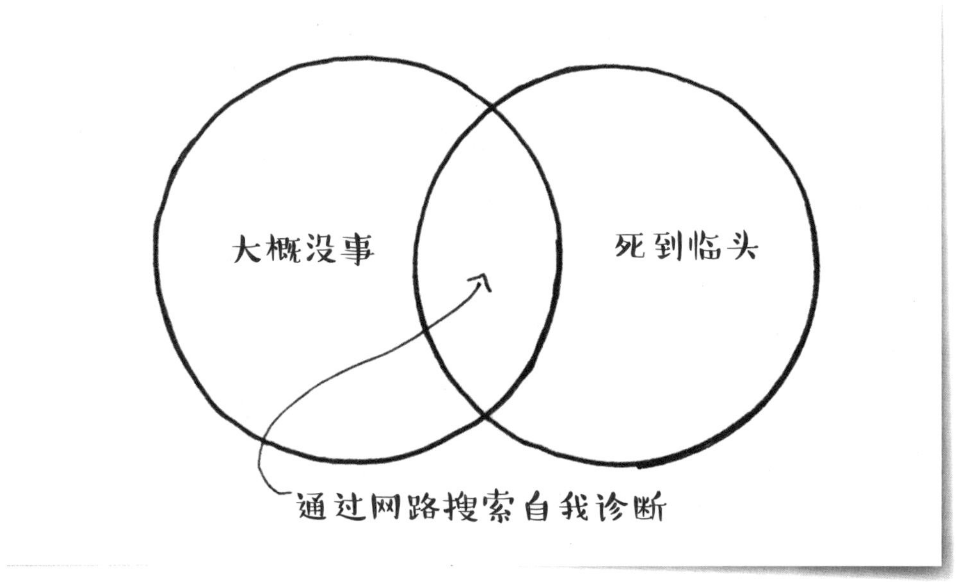

承认吧，你有可能是得了埃博拉、寨卡、军团菌肺炎或者一些能令你双臂脱落的不起眼的热带疾病，只要几小时你就会眼睛喷血。

或者可能只是流感。

不过也可能不是。可以开始抓狂了。

计算题：
人类头发生长速度：每年15厘米
落难少女的平均年龄（根据好莱坞电影）：22岁
因此可得：长发公主塔最多也就3米多
好的，我去拿个梯子

很有可能长发公主挺喜欢和那帮人生活在一起的，只是编出了『被困塔中』的借口来解释她为啥不愿意搬进一个可疑的合租公寓。我也不想责备她，对Y世代来说，养活自己太难了，所以如果你能精心编造一个故事省点房租并且捕获一个王子，那我只能说：好样的。

*Y世代（Gen Y）：一般是指出生于20世纪最后十年的一代人，特点是冷静、乐观、易接受新科技。

薛定谔的龋洞

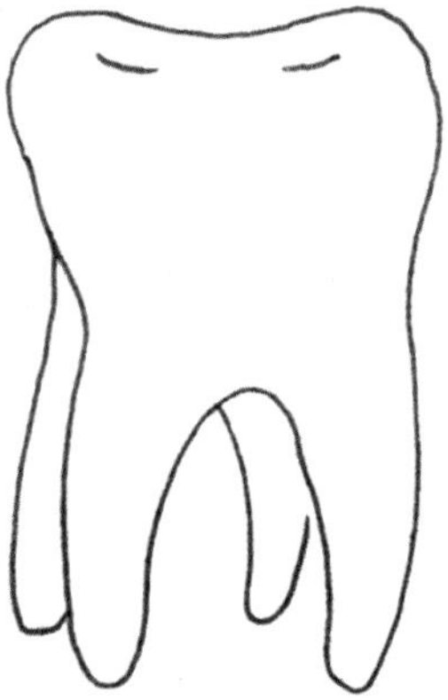

有可能是个蛀牙，但是在你看牙医之前，也可能不是个蛀牙。

因此，不去看牙医时不是蛀牙的几率最高。

如果你能用量子叠加原理和一只生死状态模糊的猫来向你的父母解释为什么你还没有去看牙医，这听起来让人印象深刻，然后他们就会开始幻想你最终会成为一个世界知名的物理学家，尽管有可能是一个没牙的物理学家。

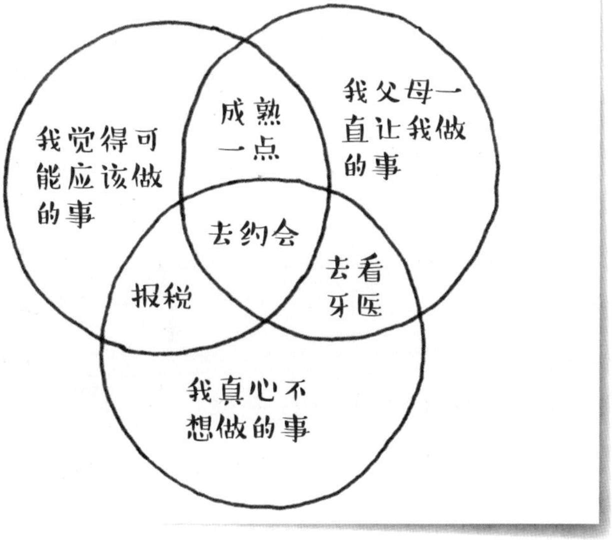

“……不是，妈，我没有跟牙医约会过……是，我同意这挺明智的……那啥……等会儿，我上次不是跟你说过苹果手机的密码了吗？……好吧，当然我可以过来给你修好它……好的……我也爱你，再见，妈妈。”

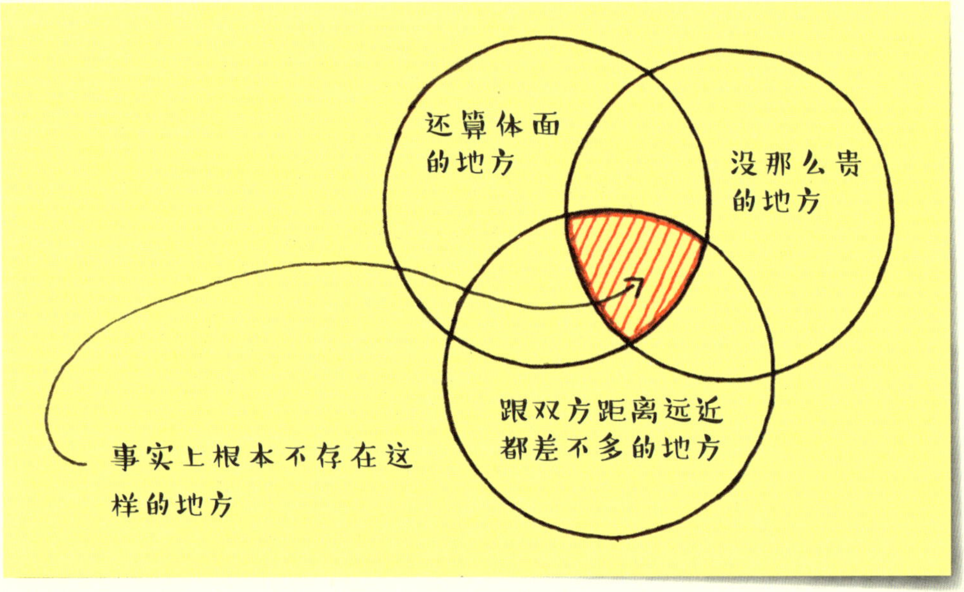

随你怎么说包办婚姻不好，但至少他们不需要找约会地点啊。

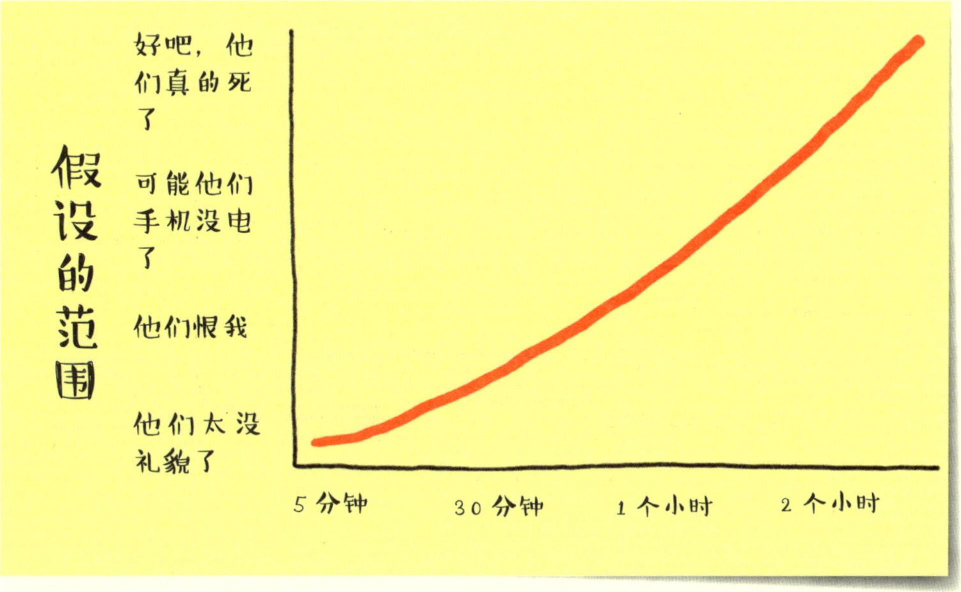

“也许他们在看电影……一部非常长的电影……反复播放模式。”

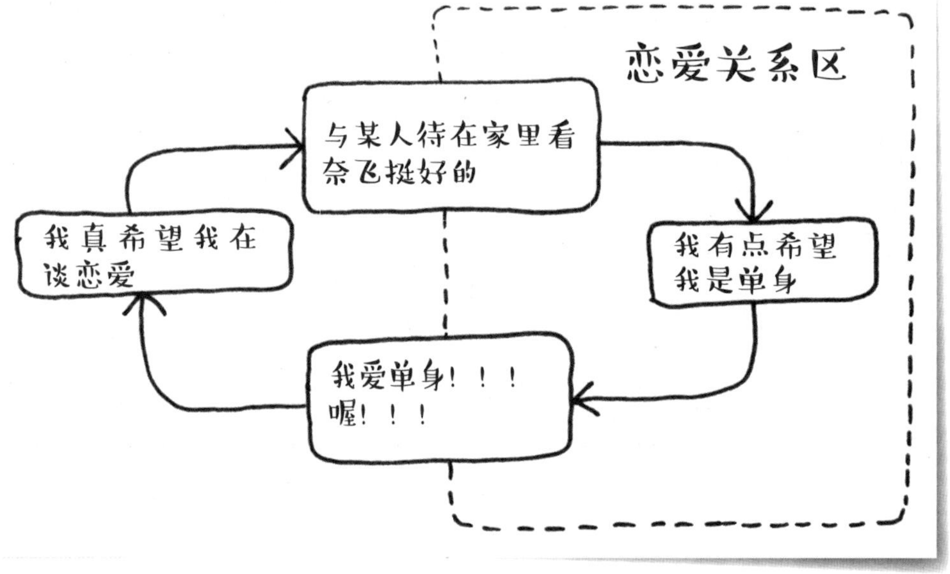

我爸总说“篱笆另一边的草总是更绿”，但是他是个农民，很难说他是在提供一些辛酸的建议，还是真的在谈论草和篱笆。

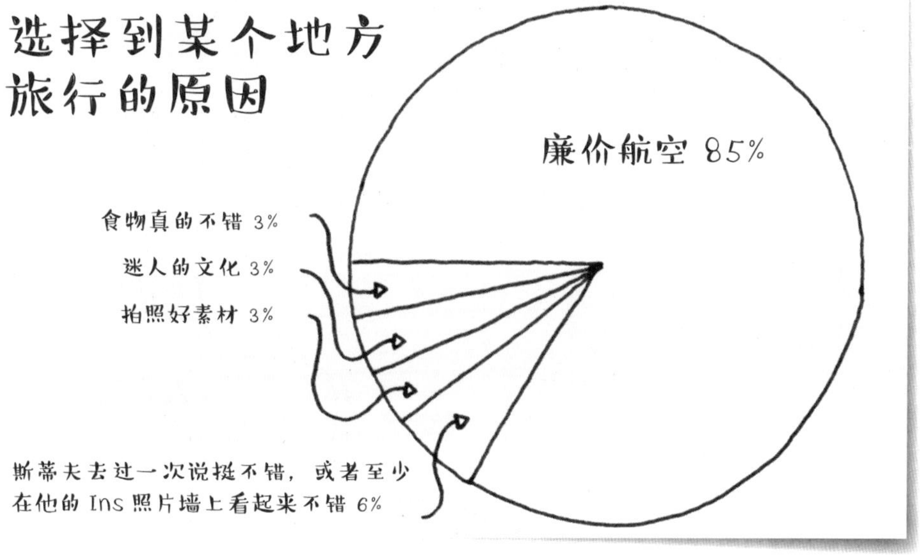

对我来说，从伦敦飞到某个欧洲小国首都比我搭地铁到伦敦中央区便宜。这对我是个安慰，因为我已经受够了在伦敦中央区度假了。

呃……这是啥？
这个？我发现买一块机身，然后透过窗户去拍带白云的海报，然后把照片发到Ins照片墙上去，比真的出去度假要便宜多了。

『反正我已经告诉每个人我要飞去上海了，所以如果你想来的话，我现在要去本地的中国超市拍点照片。』

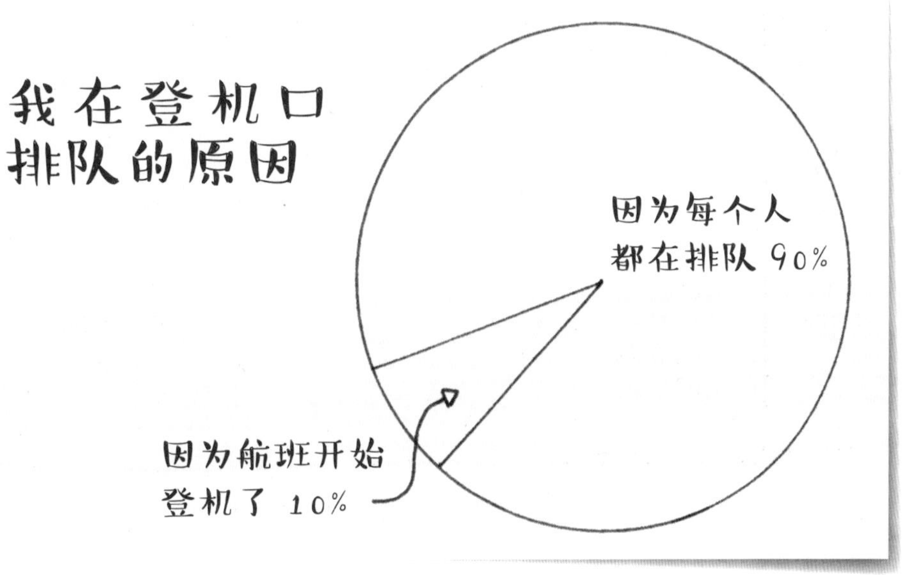

如果我能成为那种不费力就很放松，即使是最后一个登机也能随随便便站起来大摇大摆走向登机门的人，那我就成功了。我意思是假设存在这么个人，但是我不确定，因为我忙着跟那位强壮得令人震惊的意大利奶奶争抢头顶行李舱里的空间呢。“说真的，女士，你带这么多西红柿登机真的可以吗？”

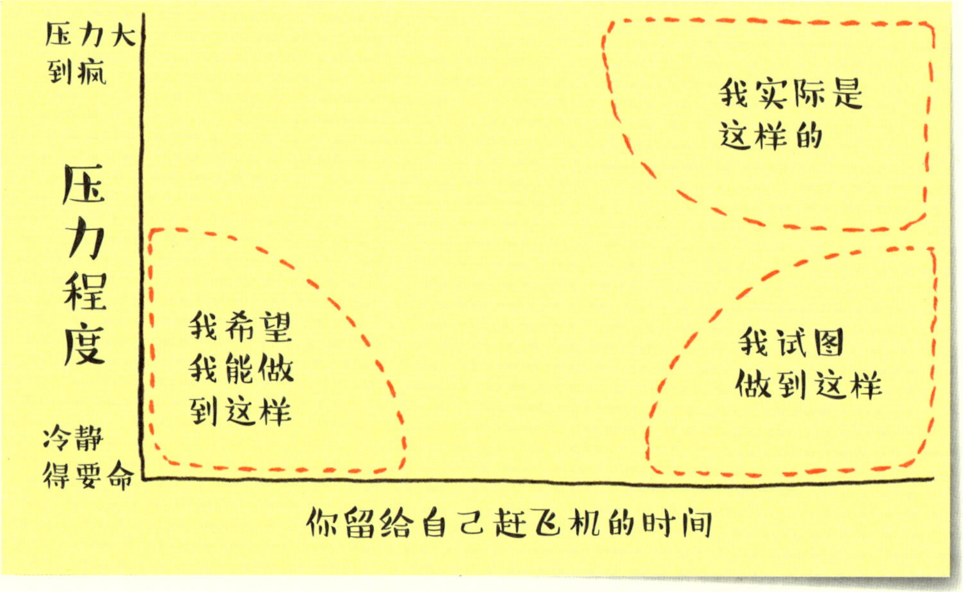

准时起床。感觉这可能还不够早。搭地铁去机场。地铁也很准时，但是怀疑它比平常开得慢。开始恐慌。到达机场，发现长蛇一样通过安检的队伍非常慢。现在真实恐慌了。想办法插个队，但不让自己看起来像一个不被允许登机的人。慌到冷汗直流，海关人员看着我露出看到毒品贩子的表情。终于清关了，奔向登机口，吓得要死。 我要赶不上我的飞机了，我怎么搞到这地步的？！

终于到达登机口……还有两小时才开始登机。

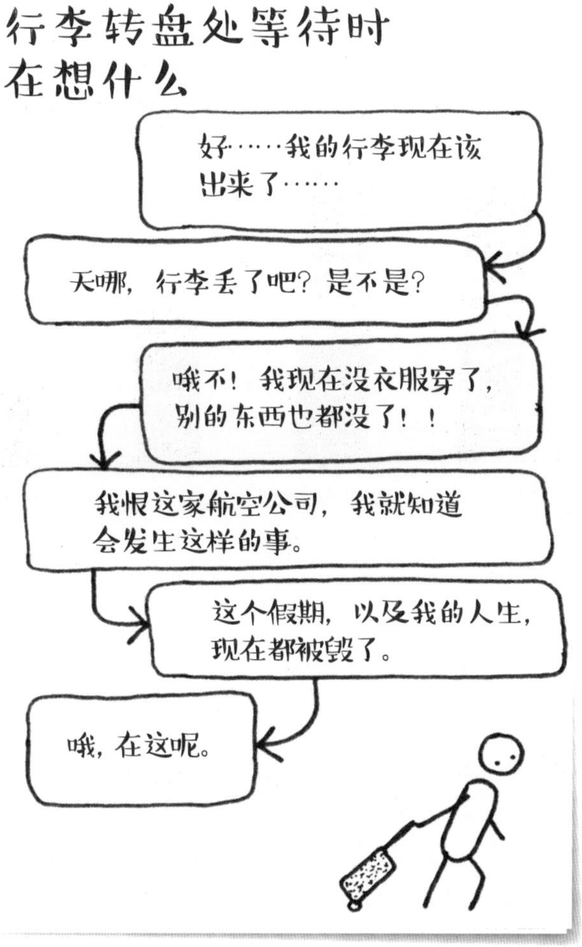
行李转盘处等待时在想什么
好……我的行李现在该出来了……
天哪，行李丢了吧？是不是？
哦不！我现在没衣服穿了，别的东西也都没了！！
我恨这家航空公司，我就知道会发生这样的事。
这个假期，以及我的人生，现在都被毁了。
哦，在这呢。

你可以在行李转盘中发现人生的意义——每个人都在等待属于自己的机会，争抢位置，因为那些成功的人而感觉疲惫和沮丧，在希望的指引下苟活等待箱子的到来，想知道这些世俗琐事是否有更多意义，或者等待你的箱子实际上就是意义的全部。

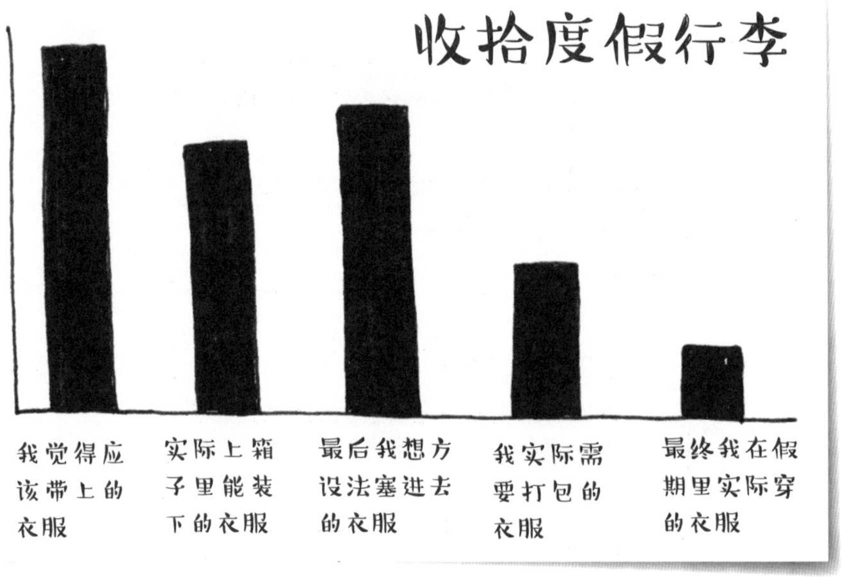

谁发明的度假？那时候，那些在外工作的人可能 7 天都在田里工作（或者互联网出现以前的别的什么工作），然后他可能会站起身，丢下铁锹，眺望远方说："去它的吧，我要到别的什么地方啥也不做待一段时间。"其他人会用难以置信的目光瞪着他。"可是，斯蒂夫，你不能就这样丢下田里的工作去别的什么地方啥也不干啊，没人这么干过。"不过斯蒂夫不想听，因为他是个假日梦想家，这样他就会离开田野，回家打包过多的衣服，然后过早地出发去机场。

应对时差反应，就像是煮鸡蛋或者对付打嗝，每个人都有各自的方法，都是自己深信不疑，甚至会不由自主讲出但实际完全是发疯的方法——吃4个橘子，吃一粒安眠药然后去健身房在跑步机上倒走同时抽16根香烟，绝对可以治好你！

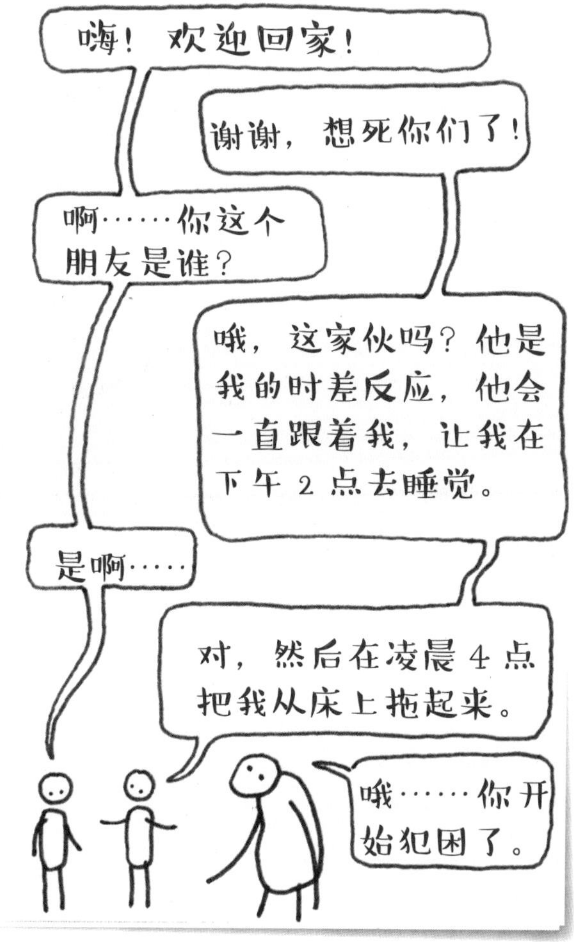
嗨！欢迎回家！
谢谢，想死你们了！
啊……你这个朋友是谁？
哦，这家伙吗？他是我的时差反应，他会一直跟着我，让我在下午2点去睡觉。
是啊……
对，然后在凌晨4点把我从床上拖起来。
哦……你开始犯困了。

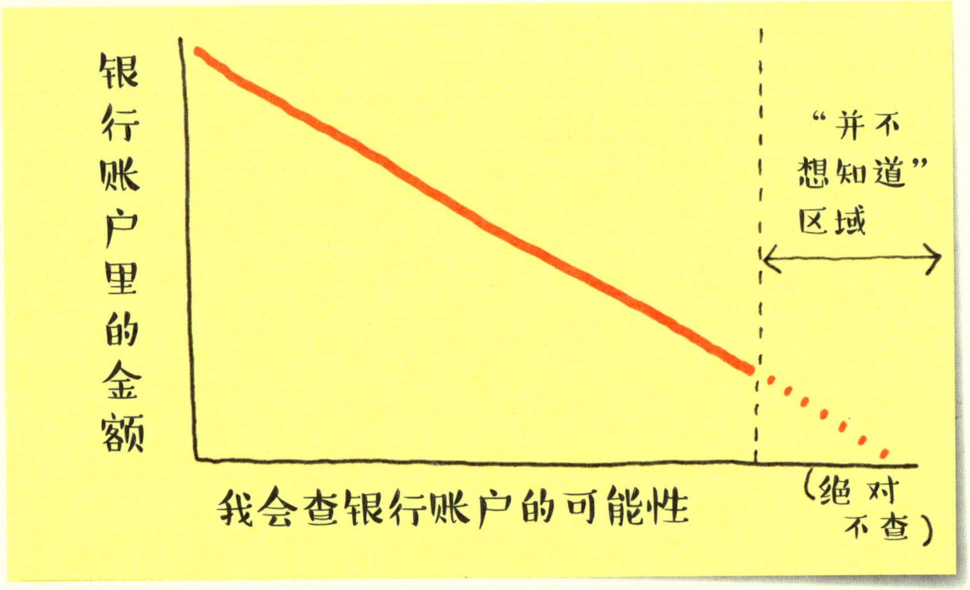

"您是要取现吗？"——是的

"您要查一下余额吗？"——不用了

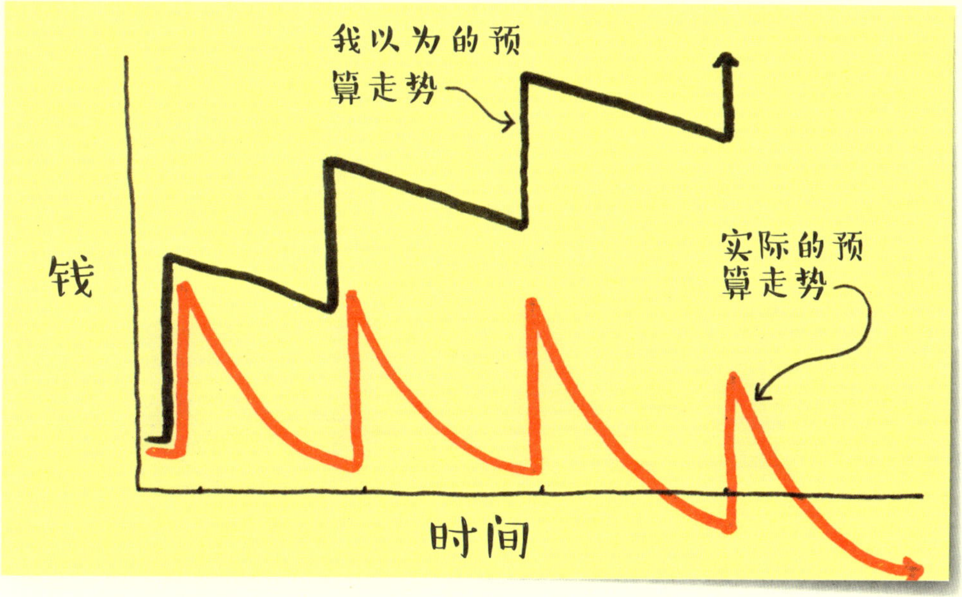

“卖掉自己的肾有多难？”

有那么一个时刻，你赚的钱足够使报税成为一个问题，但又不够让你花钱雇人来替你解决这个问题。此时，最明智的答案就是将它看作是你不会当回事的持续咳嗽，也就是根本不相信它有多么严重，直到你的室友不得不将半昏迷的你推到最近的医生那里为止。

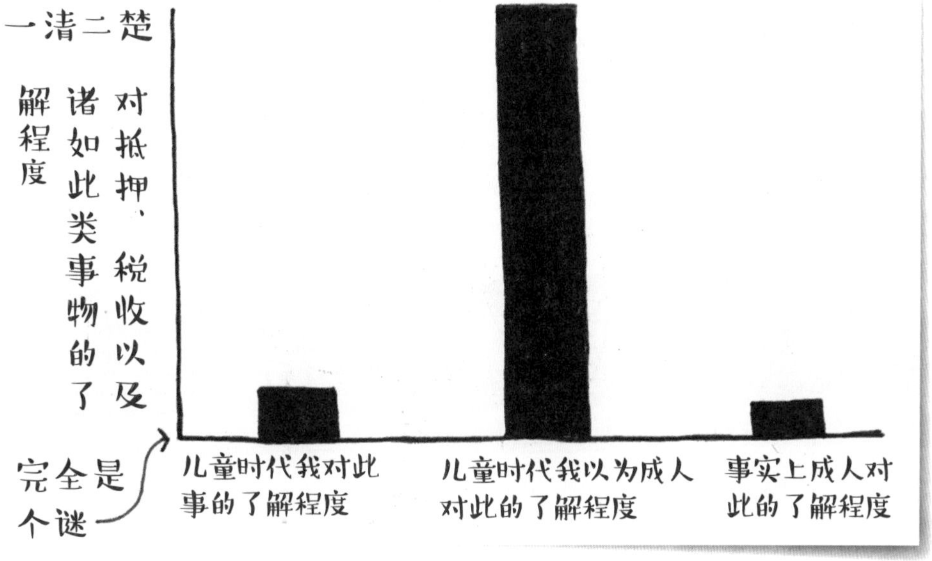

我总以为了解这些事情，就像头发变白或者不断退缩的发际线一样，通常不以你的意志为转移，在你成年之后就会自然对它严肃对待。

“我们以前的轮盘要好多了，但是那些老家伙把它毁了，现在这个对我们已经不起作用了。”

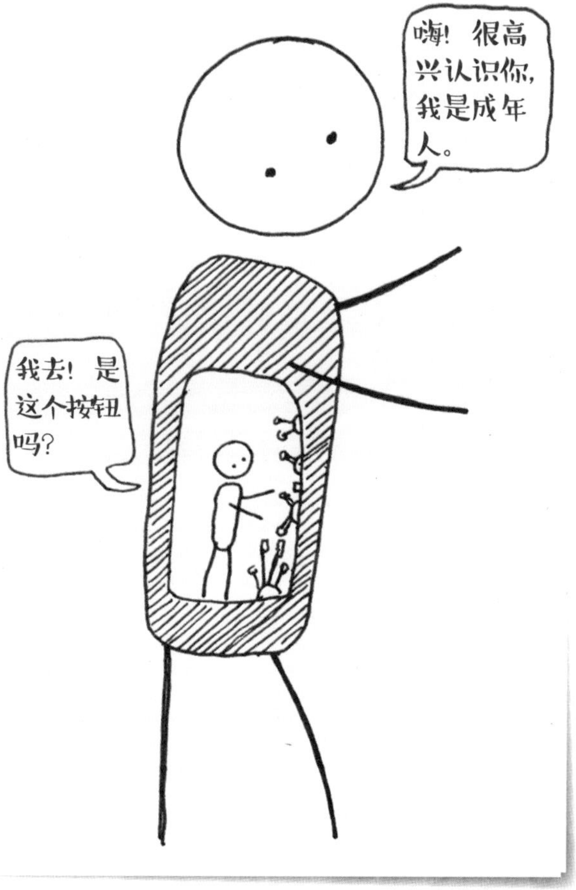
嗨！很高兴认识你，我是成年人。
我去！是这个按钮吗？

我相信直到临死前我都会怀疑什么时候我才会感觉自己是个成年人。

照片跟踪恐惧症

名词

当正在借用你手机的朋友不小心双击看到你暗恋对象的照片时，你的恐惧。

朋友：“哦，什么？你不能变焦吗？哦，不好意思，我想我给你两年前的一张照片点赞了。”我：（沉入深海）。

*InStalker：即总是暗戳戳窥探某人 Ins 照片墙的人。

这是一个（大部分）真实的故事。

致谢

有好多人，如果没有他们的话，这一切就不会发生。

我应该感谢便利贴的共同发明者斯宾塞·西瓦尔和亚瑟·弗莱，还有百乐自来水笔公司的共同创始人并木良辅教授及和田正雄先生，他们发明的百乐勾线笔是我的兵器库里最有力的战斗笔，也是我喜剧武器的首选。还有蒂姆·伯纳斯－李和其他发明 Ins 照片墙的人（我猜还有别人）。

不过，最大的谢意要送给我最开始发布这些小画的那个消息组的成员，是他们花了几个月的时间说服我把这些贴到互联网上去。我反复跟他们说这是个坏主意，什么也得不到，再也没有比证明我错了更让我高兴的了。Gal，Pav，Fi，Rin，我想感谢你们一百万次。

感谢我了不起的父母接受了他们的儿子抛下建筑师的职业开始在便利贴上画愚蠢的小画的事实，不只是接受，而且十分支持。我想对 Sis 和 Lib 说，谢谢你们提供的那些创意，你们是我最好的姐妹。还要感谢我那不可思议的 Paps 爷爷，跟他共进的无数次午餐是真正的人生指南。

感谢我的经纪人克里斯托弗和尼古拉，没有他们的话我不知道该干什么。谢谢杰克、艾米莉和哈珀柯林斯出版社可爱的人们，他们带领我领略了出版业的世界并且指出我事实上对“事实上”这个词过度使用了。

感谢“欧视仓库”（The Eurovision Warehouse）的每个人，他们既是我的同事，也是我的家人。休、布莱蒙德、胡塞、安娜、玛莎、莱尔和塔莉娅，谢谢你们从英国、法国、德国、波兰、芬兰和以色列等各国角度对我这些笑话提出的看法，以及无数的饭菜、饮料和欢乐时光（特别感谢安娜的摄影技术）。

谢谢过去我作为建筑师时一起共事的人，谢谢他们好像没有介意我花了大部分时间来画漫画，也没有介意我宁肯在网上浪费时间也不画房子。你们自己知道都有谁。

感谢我在伦敦的朋友和爱人们，谢谢苏菲·卡罗琳·杰普森出色的文字技巧。谢谢李－瓦、凯蒂、

JC、斯考蒂、威克斯、皮普、澳大利亚小分队的其他人，以及罗素全家，在我远离家乡的时候充当我的家人，当然还要感谢霍普先生，他既是我的朋友也是一位吝啬的赞助人，谢谢你。

感谢最好的斯托克 · 纽因顿区：街角的店给我提供鳄梨，棒棒蛋（The Good Egg）餐馆提供伦敦最好的早餐和咖啡，原罪（Original Sin）酒吧提供一个人梦想之极的消遣和饮料。谢谢。

我在家乡澳大利亚的朋友给我这本书提供了很多材料： 崔格和艾丽丝、格林、丹 · 萨蒙先生（以及你那个超强的喜剧头脑）、乔治亚、休和坦娅、安格，以及世界上最好的狗狗，#BarryWiegard.

显然，最后要感谢在Ins照片墙关注了@Instachaaz账号的13万粉丝。如果没有你们的关注、评论和点赞，这些东西仍然只是我现在可能已经失去兴趣了的拖延症发作时的小把戏。 这些关注合起来的分量足以证明Ins照片墙也可以成书，所以，如果没有你们，特别是如果没有将这些变成书的人，就没人会发现这一点。

感谢，感谢，感谢。